Otogi no Kuni
by Ex★Cute

엑스큐트(Ex☆Cute) 탄생 10주년 기념 시리즈는
인기 인형옷 작가들이 참여한 '동화의 나라' 주민들.
주요 멤버부터 패밀리까지, 1년 이상 릴리스 예정입니다.
본지에서는 전반부의 9개 작품을 소개합니다.

illust by MAKI

코르셋과 오버스커트를 제외하면 가볍게 입을 수 있고, 사과 모양의 자수가 눈에 띕니다.

블라우스와 드로어즈뿐이지만 귀엽고, 스모키 핑크 헤어는 다양한 옷에 어울립니다.

부드러운 3중 구조의 페티코트에 오버스커트를 레이어드해서 귀여워요!

풀 세트로 입으면 정통파 고스로리풍의 흑설공주가 됩니다.

「Otogi no kuni /Snow White Princess Aika(「동화의 나라 / 백설공주 아이카」)
「Otogi no kuni /Snow Black Princess Aika(「동화의 나라 / 흑설공주 아이카」돌리버드 한정 ver.)
- 각 15,000엔(부가세 별도)
- 모발색: 스노우화이트(백) / 미스티 핑크(흑)
- 눈동자색: 그린애플(공통)
- 보디: 퓨어니모 플렉션S

Interview 카니호루

Q.1 엑스큐트와의 만남은?
처음 본 것은 어드밴스 보디 때였고, 파츠를 조작해서 포즈를 바꾼다는 발상이 굉장히 재미있었죠. 그래도 옷 갈아입히기는 어렵다고 생각했고, 지금의 퓨어니모 가동 보디 쪽을 좋아합니다. (웃음) 뒤쪽은 포동포동한데 가슴은 작은 균형감도 최고라고 생각했어요. 처음 구입한 게 엄지공주일 거예요. 마음에 들었던 것은 4번째 아이카로 얼굴은 커스텀을 했어요.

Q.2 이 인형과 이야기를 선택한 이유는?
처음부터 '아이카'의 디자인을 하고 싶었고, 감이 온 것이 '백설공주'였어요. 순수하고 새하얀 마음을 가진 백설공주와 친해지고 싶어서 사과로 유혹하려는 흑설공주를 만들었는지도.

Q.3 특별히 신경 쓴 포인트는?
사과 자수와 프린트, 주름과 프릴이 달린 스커트 등, 개인이 만들기 어려운 일을 해드리고 싶었어요. 백설공주, 흑설공주를 믹스 앤 매치하면 또 다른 분위기를 즐길 수 있을 거예요.

아이카

성 포틀담 여자대학교 부속 중등부 1학년의 친구들 그룹 '엑스큐트'의 멤버로 멋 내기와 기타를 좋아합니다. 코롱의 어릴 적 친구.

Mermaid Princess Minami

인어공주 미나미 선생님

design by nico*

▶ 파니에 아래에 갖춰 입은 레이스 가터벨트와 팬티, 디테일까지 군사합니다!!

▶ 프릴 가득한 레이스는 파도를 형상화했습니다. 세일러 칼라도 귀엽습니다

▶ 오버 원피스를 벗고 가방을 들면 외출 원피스로 변신, 반짝이 효과도 있습니다!

▶ 원피스를 벗고 파니에 직접 오버 원피스를 입어도 멋집니다. 앞가슴을 조금 조여서 입히세요"

「Otogi no kuni /Mermaid princess Minami(『동화의 나라 / 인어공주 미나미 선생님』)
■ 14,000엔(부가세 별도)
■ 모발색: 머메이드 핑크 ■ 눈동자색: 젤 퍼플
■ 보디: 퓨어니모 플렉션M

Interview nico*

Q.1 엑스큐트와의 만남은?
엑스 큐트의 첫인상은 '포동포동하다'! (웃음) 당시는 타 회사의 화려한 보디에 익숙해 있던 터라 귀여운 아이들의 건강한 허벅지는 특히 인상 깊었어요. 치이카짱은 처음부터 귀엽다고 생각했고, 언젠가 취향 저격의 아이가 오면 맞이할 생각이었는데, 8번째의 마녀 치이카에서 무너졌죠.

Q.2 이 인형과 이야기를 선택한 이유는?
사실 2nd 미나미 선생님은 발매 당시 노메이크업으로, 후에 링고 씨의 블로그에서 땋은 머리를 푼 모습을 보고 너무 귀여워서 충격을 받았어요. 그래서 이번 기획에서 좋은 미끼를 물었다고 생각해서 "미나미 선생님을… 담당하고 싶어요!!"라고 말해버렸죠.

Q.3 특별히 신경 쓴 포인트는?
연한 민트 블루와 핑크, 라벤더 등의 색상으로 인어공주를 만들었습니다. 헤드 드레스로 물고기의 지느러미를, 펄과 비쥬로 바다의 포말을, 민트 블루의 시폰으로 투명한 바다를, 프릴과 드레이프로 파도를, 반짝이는 망사로 비늘을 이미지화했습니다.

미나미 선생님

EX☆CUTE 친구들의 반 담임 교사. 교원 면허를 따고 막 모교에 돌아왔으며, 라면과 곰돌이 봉제인형을 좋아합니다.

Girls of Green Gables
Sera

빨간 머리의 소녀 세라 & 검은 머리의 소녀 세라

design by 치쿠로

앞치마 드레스는 뒷모습도 귀엽습니다! 큰 리본과 프릴 장식으로 소녀풍 완성.

검은 머리의 원피스는 흰색 레이스의 대비가 아름답습니다. 양산품 같지 않은 정밀한 핀턱 주름에 감동.

속옷은 공통으로, 레이스끈 & 2단 스커트의 여성스러운 슬립 스타일입니다.

앞치마를 벗으면 클래식한 원피스 차림. 빨간 머리의 드레스는 브라운 파이핑 장식이 포인트.

밀짚모자와 트렁크가 부속품으로 트렁크의 안쪽은 체크무늬입니다.

「Otogi no kuni /Sera of Green Gables(『동화의 나라 / 빨간 머리의 소녀 세라』)
「Otogi no kuni /Sera of Blue Gables(『동화의 나라 / 검은 머리 소녀 세라』 아조 직영점 판매 ver.)
■ 각 14,000엔(부가세 별도) ■ 머리 색: 캐롯 오렌지(빨강) / 블랙 릴리(검정)
눈동자 색: 에버그린(빨강) / 라피스 라줄리(검정) ■ 보디: 퓨어니모 플렉션S

Interview 치쿠로

Q.1 엑스큐트와의 만남은?

이번 기획에서 처음으로 큐트를 접했고, 이전에는 매장이나 이벤트 등에서 보았어요. 인형의 귀여움은 물론 의상과 소품도 '섬세하게 만들어졌다'라고 생각했죠. 실제로 손에 쥐어 보니 보디가 무게 있고 탄탄했고, 헤드나 손 파츠가 쉽게 분리되어 작업하기 쉬웠어요.

Q.2 이 인형과 이야기를 선택한 이유는?

랑고 씨와 상담하면서 제 평소의 작업 스타일과 이미지에 어울릴 듯한 인형과 제목 순으로 결정했어요. 그 결과 의상의 이미지 등도 풀어내기 쉬웠죠. 흑발의 세라 양은 앤의 친구 다이애나를 표현한 것이고, 앤이 상상하는 이상적인 자신에 대해 생각하게 되었어요.

Q.3 특별히 신경 쓴 포인트는?

전체 라인과 아이템은 2체 모두 같은 느낌이지만 원피스는 세부 디자인을 변경했고, 모발 색이나 눈동자 색의 조화를 생각해 캐릭터 차이를 표현했어요. 빨간 머리의 세라 양은 소녀스러운 캐주얼 분위기라 빨간 테의 안경도 잘 어울려요. 검은 머리의 세라 양은 청초한 원피스나 우아한 분위기가 잘 맞아요.

세라

엑스큐트들의 학급 위원장. 착하고 조용하고 차분하지만, 굽히는 것은 질색인 성격. 다도와 요리가 특기.

Little Blue Bird
Tsukiha & Sorane
파랑새 츠키하 & 파랑새 소라네
design by 베이비도

모자와 케이프를 벗은 츠키하. 작은 새 모양의 참이 달린 가방은 여닫을 수 있습니다.

새의 날개를 본뜬 리본은 탈착 가능. 두 사람을 나란히 세울 때는 리본을 양쪽 바깥으로 세팅하면 귀엽습니다.

블라우스에 페티코트와 드로어즈까지, 산뜻하고 순수한 화이트 코디네이션이 멋집니다.

블라우스의 주름 장식이 화려해서 조끼를 벗고 겉에 케이프를 레이어드해도 멋집니다.

소라네에 부속된 새의 바구니 가방, 제대로 문이 열리는 것이 근사합니다!

「Otogi no kuni /Little Blue Bird Tsukiha(『동화의 나라 / 파랑새 츠키하』)
「Otogi no kuni /Little Blue Bird Sorane(『동화의 나라 / 파랑새 소라네』)
■ 각 14,000엔(부가세 별도) ■ 2016년 1월 발매(츠키하), 3월 발매(소라네)
■ 머리색: 미스티 실버(공통) ■ 눈동자색: 블루 버드(공통)
■ 보디: 퓨어니모 플렉션XS(여자아이, 남자아이)

Interview 베이비도

Q.1 엑스큐트와의 만남은?
처음 본 것은 어드밴스 보디로, 피규어처럼 조작해 포즈를 취하는 것이 획기적이었죠. 하지만 그 아름다움을 해치지 않는 지금의 플렉션 보디 관절도 굉장히 좋다고 생각해요. 또 쌍꺼풀 있는 성숙한 눈이 취향이었는데, 라일리에서 그 취향을 버리고 처음 눈길이 간 아이를 구입했어요.

Q.2 이 인형과 이야기를 선택한 이유는?
본명이 '미치루'인 베이비도의 로고도 파랑새라서 '이거밖에 없다'라고 생각했어요. '치르치르와 미치르'보다는 파랑새 자체를 만들고 싶다고 생각했죠. 파랑새가 공우(소라네)와 월우(츠키하). 두 사람이 헤어진 뒤, 언젠가 또 한 마리의 파랑새로 돌아가는 이미지 말이에요.

Q.3 특별히 신경 쓴 포인트는?
새의 모티브를 꼭 넣고 싶어서 소라네는 가방, 츠키하는 앞치마로 표현했어요. 새장 가방은 시작하는 데 긴 시간이 걸렸지만 이미지 그대로 완성됐어요. 소라네는 남자아이지만 조금 긴 보브스타일이 되어서 기뻤어요! 은빛이라 고딕 스타일 양복도 잘 어울려요. (아존 씨, 꼬마용 고스 의상은 양복노 꼭 만들어 주세요!)

소라네 & 츠키하

성 포틀담 여자대학 부속 초등부 4학년의 쌍둥이 언니 츠키하와 동생 소라네. 중등부1년 위원장 세라의 여동생. 둘 다 식물을 좋아하고 벌레를 싫어합니다.

성냥팔이 소녀 치이카

The Little Match Girl
Chiika

성냥팔이 소녀 치이카

design by F.L.C

▶ 케이프 코트의 뒷모습. 캐주얼한 청바지와 니트라면 찰떡궁합입니다.

◀ 원피스 아래에 망사를 여러 겹으로 겹쳐 볼륨감 있는 파니에. 따로따로 입어도 귀엽습니다.

▶ 헤드 드레스와 원피스 스타일. 종이로 만든 성냥개비는 부속품입니다.

◀ 케이프 코트는 후드를 머리에 씌워도 귀엽습니다. 끈을 묶는 방법에 따라 다양하게 연출할 수 있습니다.

「Otogi no kuni / The Little Match Girl Chiika (『동화의 나라 / 성냥팔이 소녀』)
- 14,000엔 (부가세 별도)
- 머리색: 세피아 브라운 ■ 눈동자색: 윈터 블루
- 보디: 퓨어니모 플렉션S

Interview F.L.C

Q.1 엑스큐트와의 만남은?
엑스큐트가 탄생했을 때 이미 인형옷 일을 하고 있었으므로, 보디 소재 얘기는 조금씩 들었어요. 정확한 만남은 기억나지 않지만 '멋진 다리가 포동포동한 인형이다'라고 기억하고 있었죠. 처음부터 치카 양이 마음에 들었고 귀여운 아이라고 생각했어요.

Q.2 이 인형과 이야기를 선택한 이유는?
실제 의상이나 캐주얼 옷의 완성도가 높아서 지나치게 드레시한 의상이 필요 없는 타이틀을 고르고, 그중에서 선택했어요. 치카 양은 원래 가장 좋아하는 아이라서 제1 희망으로 뽑았습니다.

Q.3 특별히 신경 쓴 포인트는?
내 머릿속에서 성냥팔이 소녀는 앞치마를 하고 있는 이미지였어요. 다만 상반신은 원피스와 일체화된 것이 포인트입니다. 또 레이스를 최대한 사용하지 않고 소녀적인 분위기를 표현하려 했어요. 케이프 코트나 파니에는 단품으로도 활용하기 쉬우니 다양한 연출을 즐겨보세요.

치이카
엑스큐트의 멤버. 귀여운 분위기이지만 의외로 착실합니다. 책 읽기를 좋아하고 장르를 가리지 않는 지적인 소녀.

A Little Princess Nina & Chisa

소공녀 니나 & 리틀 메이드 치사

design by 코구마좌 (아메노모리 히로코)

▶ 핀턱과 레이스 디테일이 빛나는 이너웨어. 앞가슴에 옷과 같은 원단으로 만든 리본을 비즈로 고정.

▶ 블라우스와 드로어즈로 구성된 기숙사의 제복. 태슬이 달린 슈즈도 오리지널입니다.

▶ 니나는 자수가 들어간 맞주름 원피스와 책 모양의 체인 백으로 멋을 냈습니다.

▶ 치사의 케이프 안에는 블라우스와 점퍼스커트 코디. 머리띠는 귀마개풍으로 귀엽게!

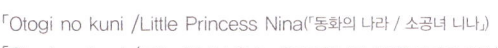

「Otogi no kuni /Little Princess Nina(『동화의 나라 / 소공녀 니나』)
「Otogi no kuni /Little Maid Chisa(『동화의 나라 / 리틀 메이드 치사』)
■ 15,000엔(부가세 별도) ■ 머리색: 시나몬 브라운(니나), 캐러멜 골드(치사)
■ 눈동자색: 제비꽃(니나) / 베이비 블루(치사) ■ 보디: 퓨어니모 플렉션XS

Interview 코구마좌(아메노모리 히로코)

Q.1 엑스큐트와의 만남은?
처음 만나게 될 엑스큐트는 프릴과 레이스가 가득한 드레스가 어울릴 거라고 생각했어요. 하지만 니나와 치사 양을 차분하게 마주하니, 어떤 옷이든 잘 어울리는 아이였어요.

Q.2 이 인형과 이야기를 선택한 이유는?
여자아이 둘의 이야기가 좋아서 선택했어요. 두 사람의 원래 캐릭터 설정(니나가 친구인 치사를 동경하고 있다… 등)도 귀엽고 안타까운 느낌이라서 너무 좋았어요.

Q.3 특별히 신경 쓴 포인트는?
인형은 보브나 트윈 테일, 눈동자색 등 소공녀와 메이드의 이미지를 귀엽게 표현할 수 있도록 디자인했어요.
의상은 서로 아이템을 공유하고 코디네이트할 수 있도록 했죠. 소공녀의 세계관에 가깝도록, 책 모양 백이나 태슬 신발 같은 소품도 고집했어요.

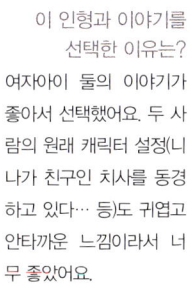
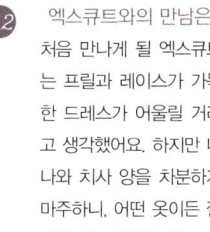

치사·니나

둘 다 초등부 4학년생. 치사는 치아카의 여동생으로 의지가 굳센 검도 소녀. 니나는 치사를 너무 좋아해 그녀를 모델로 만화와 그림을 그리고 있습니다.

Swan Lake
Raili

백조의 호수 라일리

design by 도키노리 자매

▶ 불륜 있는 스커트는 3중 구조. 케이프를 입은 얼음 요정 클리오네 같습니다.

◀ 케이프 안의 블라우스에 코르셋을 레이어드 한 섬세한 스타일. 레이스가 풍성합니다.

◀ 블라우스와 망사 스커트를 레이어드한 화이트 코디. 퍼 소재의 백은 사선으로 메었습니다.

▶ 스커트 아래에 파니에와 드로어즈를 코디. 블라우스를 벗고 코르셋 하나만 입어도 귀엽습니다.

「Otogi no kuni /Swan Lake Raili(「동화 나라 / 백조의 호수 라일리」)
■ 14,000엔(부가세 별도)
■ 머리색: 미스티 실버　■ 눈동자색: 문라이트 블루
■ 보디: 퓨어니모 플렉션M(미백피부)

Interview 도키노리 자매

Q.1 엑스큐트와의 만남은?
엑스큐트 아이들의 분위기가 멋지다고 생각하던 중, 우연히 이번 동화 시리즈의 이야기를 전해 들었죠. 처음 라일리 양을 받아 들었을 때, 매우 상냥한 눈매에 반했어요.

Q.2 이 인형과 이야기를 선택한 이유는?
라일리 양의 하얀 피부, 부드럽고 상냥한 분위기가 오데트 공주의 이미지에 딱이어서, '백조의 호수'의 오데트 공주로 결정했어요! 달빛을 받으며 호수에 내려앉은 은백색 올림머리의 라일리 양이 떠올랐고 '이것밖에 없다'라고 생각했죠!

Q.3 특별히 신경 쓴 포인트는?
섬세한 레이스를 선택해 컬러를 맞추고, 투명감 있게 완성하려고 했어요. 절개 라인과 허리 디자인을 겹쳐 입어도 깔끔하고 세련되어 보이도록 신경 썼죠. 아이템의 일부를 검은색으로 바꾸면, 분위기가 확 달라지는 재미도 있습니다.

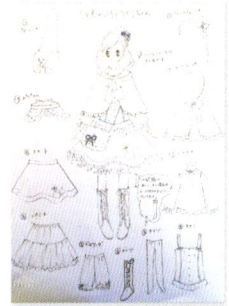

라일리

엑스큐트 중간에 들어간 핀란드에서 온 유학생. 일본 문화에 흥미가 많고, 독학으로 일본어를 공부한 노력가.

빨간 망토 코롱 & 회색 늑대 코롱

Little Red Hood Koron

design by Sleep

▶ 빨간 후드 케이프 아래에 블라우스와 점퍼스커트 코디. 앞치마를 벗으면 캐주얼한 분위기입니다.

▶ 블라우스와 파니에만으로도 자연스러운 코디가 가능. 리본 가방은 열고 닫을 수 있습니다.

▶ 점퍼스커트 아래에 물방울무늬 스커트를 코디! 파니에를 벗으면 경쾌한 외출 스타일.

▶ 파니에의 허리를 위로 올려 입으면 미니 원피스로 변신. 늑대 목도리는 형태를 자유자재로 변형할 수 있습니다.

「Otogi no kuni /Little Red Hood Koron(『동화의 나라 / 빨간 망토 코롱』)
「Otogi no kuni /Little Wolf Koron(『동화의 나라 / 회색 늑대 코롱』 아존 직영점 판매 ver.)
■ 각 14,000엔(부가세 별도) ■ 머리색: 로맨틱 골드(빨강) / 실버 울프(회색)
■ 눈동자색: 고발트 그린(빨강) / 센루리아 블루(회색) ■ 보디: 퓨어니모 플렉션S

Interview Sleep

 이 인형과 이야기를 선택한 이유는?
링고 씨와 얘기해서, 활발하고 호기심 많은 분위기의 코롱 양에게 빨간 망토가 어울리지 않을까 해서 선택했어요. 빨간 망토와 갈색 부츠의 코롱 양이 콧노래를 부르며 짙은 녹색의 숲을 걸어가는 모습을 상상하며 디자인했죠.

 엑스큐트와의 만남은?
실제로 처음 손에 들어온 것은 '미아의 겨울방학'이었는데, 코모레이 숲 시리즈는 모든 아이가 귀여워서 거의 다 데려오고 말았죠. 각각 개성 있고 귀엽지만, 역시 이번에 담당하게 된 코롱 양에게 더 마음이 갑니다.

 특별히 신경 쓴 포인트는?
옷을 갈아입히는 것을 즐길 수 있도록 신경 썼어요. 이 세트만으로도 코디를 즐길 수 있고, 자신이 갖고 있는 의상에도 잘 맞고 즐길 수 있도록 여러 가지를 궁리했어요. 머리띠, 핸드백, 부츠 등 소품은 심플하지만 소녀다움을 표현했어요. 여러 가지로 즐겨주시면 좋겠어요.

코롱

엑스큐트 멤버. 장난기 많고 약간 덜렁거리는 활기찬 아가씨. 인형 탈을 쓰는 것이 생업인 아버지를 존경하고 있습니다.

Little Briar Rose
Lien

들장미 공주 리안

design by SILVER BUTTERFLY

▶ 리본과 레이스가 가득 달린 트레인을 핀으로 고정하면 웨딩드레스풍으로 변신.

▶ 코르셋과 반바지의 섹시한 스타일에 트레인을 더했습니다. 진홍색 장미가 포인트.

◀ 재킷을 벗고 트레인을 떼어내면, 귀여운 미니 드레스로 변신.

▶ 스커트 속에는 망사 파니에를. 배꼽이 조금 보이면서 경쾌한 인상을 줍니다.

「Otogi no kuni /Little Briar Rose Lien」(『동화의 나라 / 들장미 공주 리안』)
- 14,000엔(부가세 별도)
- 머리색: 앤틱 골드 ■ 눈동자색: 에버 그린
- 보디: 퓨어니모 플렉션S

Interview Silver Butterfly

Q.1 엑스큐트와의 만남은?
작가의 사이트에서 귀여운 옷을 입은 치이카 양을 처음 봤어요. 그 후에 검색을 많이 했죠. 처음 맞이한 것은 유우타 군이었는데 보디의 가동 범위가 정말 멋졌어요. 대부분의 인형은 안 되는 포즈를 잡을 수 있어 매번 색다른 느낌이었죠.

Q.2 이 인형과 이야기를 선택한 이유는?
의젓한 얼굴의 리안 양이 오랜 잠에서 깨어나 웃는 모습을 상상하니 이미지가 딱 맞았어요. 제목이 정해진 것과 동시에 머릿속에서 완성된 모습이 떠올라, 디자인화를 그릴 때나 소재 선택 시 망설임 없이 진행했어요.

Q.3 특별히 신경 쓴 포인트는?
이 이야기는 잠이 깬 후의 행복한 날들로 마무리됩니다. 오랜 잠에서 깨어나는 순간의 기쁨과 그 후의 행복을 표현하고 싶어서, 부분 부분을 떼어내어 변화할 수 있게 만들었죠. 손으로 일일이 꿰매 만든 장미와 많은 레이스 등 타협하지 않고 완벽한 모습을 재현할 수 있었어요.

리안

엑스큐트 멤버. 프랑스인 모델 엄마와 일본인 아빠 사이에서 태어났습니다. 공부도 스포츠도 만능.

EX★CUTE Lesson
옷을 만들어보세요

엑스큐트를 더욱 즐기기 위한 첫 번째 레슨. 귀여운 아이들에게 옷을 만들어주세요.
퓨어니모S·M 사이즈 대응, 캐주얼한 세일러 스타일의 패턴을 수록했습니다.
표지를 장식한 '백설공주 아이카'와 '흑설공주 아이카',
디자인을 담당했던 카니호루 씨가 강사로 활약합니다.

design by 카니호루

©2016 오모이 아타루 / AZONE INTERNATIONAL ©카니호루

해골사과 세일러 세트

Material

세일러 원피스
- 면 론(몸판용)…20×25cm
- 면 론(칼라용)…15×30cm
- 소프트 망사(칼라 안감용)…10×10cm
- 2mm너비 리본(칼라 라인, 커프스 라인용)…50cm
- 2mm 너비 리본(소매 라인, 아랫단 라인용)…40cm
- 7mm 너비 실크 새틴 리본…20cm
- 매직테이프…0.8×4cm
- 2.5mm 지름의 둥근 구슬 단추 검정색…2개
- 자수실 빨간색

페티코트
- 면 론…4×22cm
- 망사…10×46cm
- 2.5mm 너비 고무밴드…10cm

가터벨트 부착 양말
- 줄무늬 니트…15×15cm
- 2.5mm 너비 고무밴드…10cm
- 4mm 너비 리본…4cm
- 5mm 둥근 링…2개
- 2mm 둥근 핫픽스…4개
- 하트 모양 핫픽스…2개

드로어즈
*백설/흑설공주 아이카 세트의 드로어즈도 OK.
- 면 론…20×20cm
- 10mm 너비 레이스…22cm
- 2.5mm 너비 고무밴드…20cm 이상
*페티코트, 양말, 드로어즈 만드는 법은 패턴 페이지 참조.

How to make 세일러 원피스

① 앞 몸판의 지정된 위치에 자수를 놓고 재단한다.
② 앞뒤 몸판의 어깨를 합쳐 재봉하고, 다림질로 가름솔한다.
③ 오른쪽 소매의 지정된 위치에 2mm 리본을 재봉한다.
④ 커프스를 반으로 접어 지정된 위치에 2mm 리본을 재봉한다.
⑤ 소맷부리에 주름을 잡고, 커프스와 재봉해 합친다. 시접은 소매 쪽으로 접는다.
⑥ 몸판에 소매산을 재봉해 합친다.
⑦ 칼라와 칼라 안감용 망사를 겉끼리 마주대어, 목둘레를 남기고 재봉한다.
⑧ 칼라를 겉으로 뒤집는다. 다림질로 모양을 정돈하고 지정된 위치에 2mm 리본을 재봉한다.
⑨ 칼라와 몸판을 완성선에 맞춰 재봉해 합친다.
⑩ 9번 시접에 가위집을 주고, 시접은 몸판 쪽으로 접고 겉에서 상침한다.
⑪ 가슴바대의 윗단 완성선을 접고, 지정된 위치에 리본을 달아준다.
⑫ 앞 몸판의 지정된 위치에 가슴바대를 겹쳐 재봉한다.
⑬ 소맷부리부터 옆선까지 겉끼리 마주대어 재봉한다. 겉으로 뒤집어 다림질로 가름솔한다.
⑭ 아랫단 시접을 안쪽으로 접어, 지정된 위치에 2mm 리본을 단다.
⑮ 뒤 몸판에 매직테이프를 재봉한다.
⑯ 뒤중심의 아랫단에서 트임 위치까지 재봉한다.

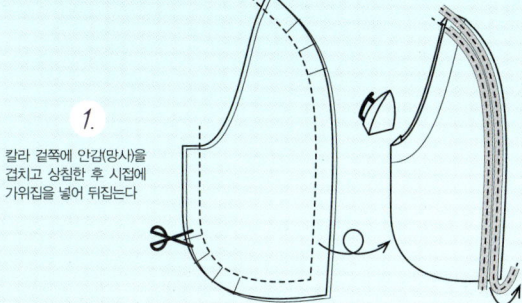

1. 칼라 겉쪽에 안감(망사)을 겹치고 상침한 후 시접에 가위집을 넣어 뒤집는다

시접을 정돈해서 리본을 재봉해 붙이고 리본 끝부분은 안쪽으로 접어 재봉한다

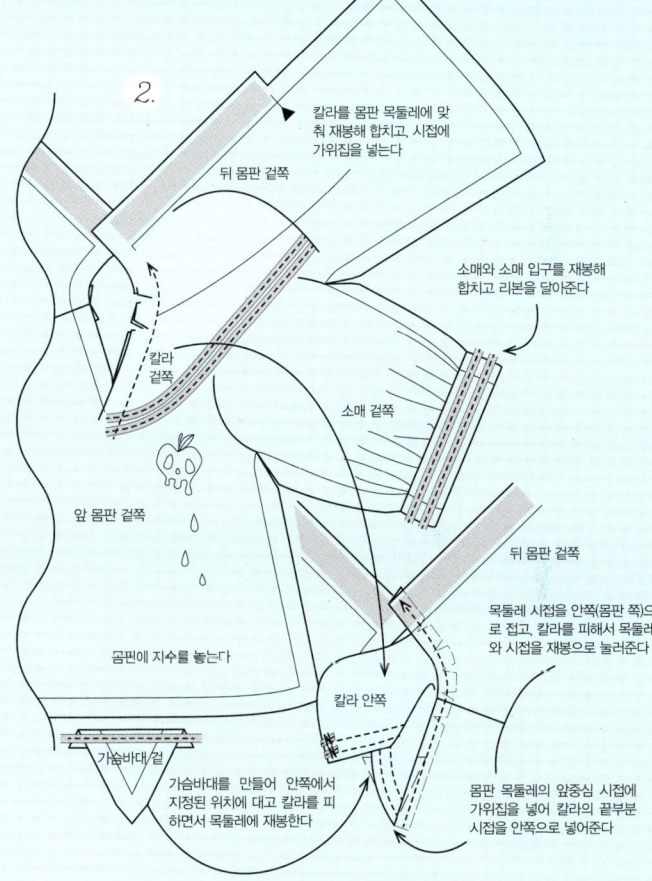

2. 칼라를 몸판 목둘레에 맞춰 재봉해 합치고, 시접에 가위집을 넣는다

뒤 몸판 겉쪽

소매와 소매 입구를 재봉해 합치고 리본을 달아준다

칼라 겉쪽

소매 겉쪽

앞 몸판 겉쪽

곰핀에 자수를 놓는다

뒤 몸판 겉쪽

목둘레 시접을 안쪽(몸판 쪽)으로 접고, 칼라를 피해서 목둘레와 시접을 재봉으로 눌러준다

칼라 안쪽

가슴바대 겉

가슴바대를 만들어 안쪽에서 지정된 위치에 대고 칼라를 피하면서 목둘레에 재봉한다

몸판 목둘레의 앞중심 시접에 가위집을 넣어 칼라의 끝부분 시접을 안쪽으로 넣어준다

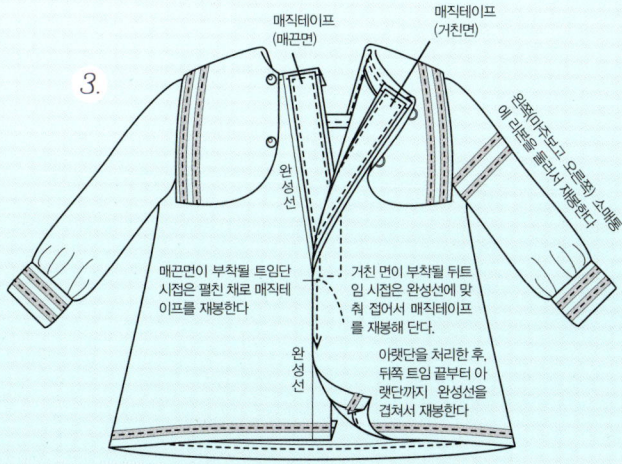

3. 매직테이프(매끈면) 매직테이프(거친면)

매끈면이 부착될 트임단 시접은 펼친 채로 매직테이프를 재봉한다

거친 면이 부착될 뒤트임 시접은 완성선에 맞춰 접고 매직테이프를 재봉해 단다

완성선

완성선

아랫단을 처리한 후, 뒤쪽 트임 끝부터 아랫단까지 완성선을 겹쳐서 재봉한다

아랫단을 접고 겉쪽에 리본을 놓고, 겉에서 재봉하면 이 컷단과 리본이 한 번에 고정된다

EX★CUTE Lesson
리페인트 해보세요

엑스큐트를 더욱 즐기기 위한 두 번째 레슨. 눈동자 색은 그대로 두고,
전혀 분위기가 다른 표정으로 리페인트 하는 방법을 소개합니다.
리페인트 한 후에는 반품 교환을 할 수 없으니 유의하세요.
'인어공주 미나미 선생님' 디자인을 담당했던 nico*씨가 강사로 활약합니다.

사진 & 텍스트 : nico*

의상:
코모레이 숲의 양복 가게 「롭 이어 토끼 후드 머플러」
「라이트 블루 원피스」 / Angelic Sigh 「레이스 프릴 양말 세트」
SAHRA'S a la mode 「밀키 프릴 스트랩 슈즈」

> 리페인트 후에는, 반품이나 교환이 안 되므로 주의하세요

Material

- Mr. 컬러 희석제
  (*Mr.Hobby 제품 중 Mr. 컬러 신너(아크릴용)를 구입해야 합니다–역주)
- 아크릴 물감: 브론즈 옐로, 스칼렛 레드, 티타늄 화이트, 브릴리언트 퍼플, 로 엄버, 라이트 마젠타, 코랄 레드 (*리퀴텍스 베이직 아크릴 물감의 색상 기준–역주)
- 펄 미디움 (*리퀴텍스 제품. 펄 컬러를 만들어 내기 위해 일반 아크릴 물감에 섞어서 사용하는 보조제. 리퀴텍스, 암스테르담 브랜드 둘 다 사용 가능–역주)
- 면봉
- 가늘고 뻣뻣한 붓

1. 페인트를 시작하기 전에 마스킹 테이프 등으로 앞머리를 정리합니다.

2. 'Mr. 컬러 희석제'를 면봉에 묻혀서 눈썹, 쌍꺼풀 라인, 입의 채색을 지웁니다.

3. 아크릴 물감의 '브론즈 옐로' 색상을 붓의 끝에 묻혀줍니다. 몇 번이고 그리고 수정하면서 마음에 드는 밸런스를 끌기 있게 찾아야 합니다.

4. 눈꺼풀, 눈꼬리, 턱에 붉은색을 더해줍니다. 연하게 풀어 놓은 '스칼렛 레드' 색상을 면봉에 올려서, 여분의 물기를 화장지 등에 흡수시킨 다음, 두드리듯이 색을 올려줍니다.

5. 한 번에 색을 입히지 못하므로 말리면서 취향에 맞는 농도로 맞춰줍니다. 양쪽 귓불에도 붉은빛을 더합니다.

6. 입안을 '화이트'로 연하게 칠합니다. 이어서 '로 엄버'로 입과 이중 라인을 그리고, '브릴리언트 퍼플'로 속눈썹을 칠합니다. 너무 두꺼울 때는 마른 후에 이쑤시개로 가볍게 제거하거나 희석제로 지웁니다.

7. '라이트 마젠타'로 눈썹을 그립니다. 너무 선명하게 그리지 말고 피부에 어울리도록 부드럽게 그리세요.

8. 부드럽고 두꺼운 눈썹이 보이도록 앞머리를 짧게 잘랐습니다.

9. 손과 발 파츠의 끝에 4번과 같은 요령으로 붉은빛을 칠하고, 손톱에는 '코랄 레드'와 '펄 미디움'을 차례로 바릅니다. 마지막으로 클리어의 도료를 바르거나, 레진이나 젤 네일 탑코트를 바르고 굳히시 블록하게 반들하세요.

My only ♥ Middie Blythe
Custom Lesson

미디 브라이스의 커스텀 방법을 두 명의 작가님에게 배워보세요.
커스텀 초심자라면 오다니 씨의 기본 테크닉을 마스터하고,
변형을 원한다면 미츠히데 씨의 상급 커스텀에 도전해보세요.
네오와 쁘띠에도 응용할 수 있으니 헤어 어레인지 방법도 꼭 봐주세요.

※커스텀은 자기 책임입니다. 분해 및 메이크업 후의 반품과 교환은
되지 않으므로 주의 바랍니다.

Expert
상급자
by Mitsuhide

Biginner
초심자
by Miyuki Odani

BLYTHE is a trademark of Hasbro. ©2016 Hasbro. All Rights Reserved.

Lesson 1&2 Material

- 십자 드라이버(작은 것)
- 일자 드라이버
- 커터 칼
- 수성 무광 탑코트 스프레이
- 파스텔(핑크 계열 다양한 색)
- 면봉 또는 화장솜
- 롱노우즈 플라이어
- 속눈썹
- 핀셋
- 순간접착제
- 세밀한 붓
- 에나멜 페인트 클리어 (타미야 제품)
- 안료 섞을 접시
- 아크릴 물감(차이나 레드)
- 네일용 반짝이 파츠

Lesson 1
분해하기
- 공통 -

우선은 미디 브라이스의 구조를 알기 위해 머리를 분해해 봅시다.

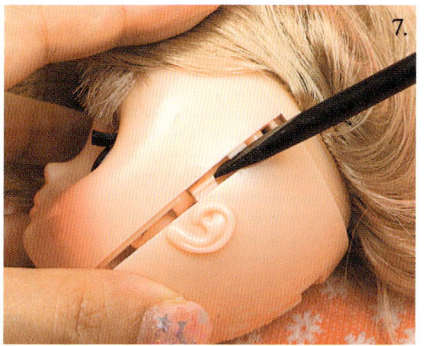

7. 머리 뒷부분의 귀 위쪽에 걸쳐기가 있어서 일자 드라이버로 이 근처를 꾹 누르고 빈틈을 만들면 벌어집니다. 머리 뒷부분을 단단히 움켜쥐고 얼굴 부분과 수직 방향으로 누르면서 돌려가며 움직여 끄집어 올립니다.

4. 십자드라이버로 뒤 머리 부분의 나사 2개를 빼줍니다.

1. 오다니 씨의 모델「멜라니 유비크 걸」은 곱슬머리. 패키지에 고정되어 있어 머리카락이 눌려 있습니다.

8. 두피 바로 아래에 육각형의 구멍과 둥근 기둥 모양의 조인트가 있습니다. 수직이 아니라 비스듬히 빼낼 경우, 조인트 부분이 부러지거나 금이 갈 수 있으므로 주의해야 합니다.

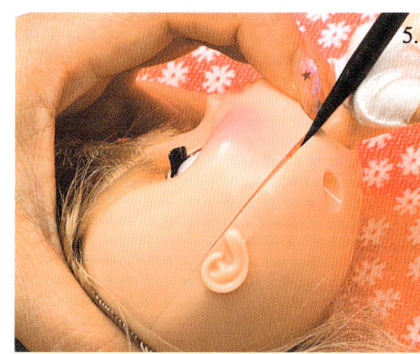

5. 목구멍 근처에서 앞뒤의 분리된 선까지 일자 드라이버로 벌려서 안쪽에 드라이버를 넣어줍니다. 오른쪽이 더 열리면 왼쪽도 똑같이 일자 드라이버를 돌려가며 좌우 같은 정도의 틈새로 조금씩 열어갑니다.

2. 개봉하면 우선 머리카락을 잘 빗어줍니다. 머리카락이 빠지는 것에 개의치 말고 엉킨 부분이 없어질 때까지 빗어주세요.

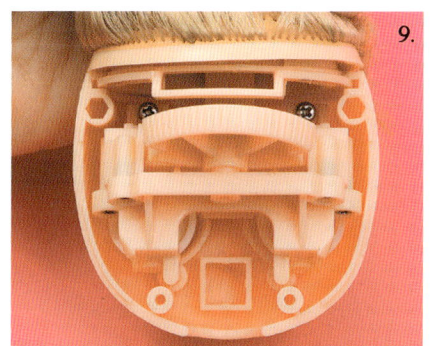

9. 머리 뒷부분의 내부 구조. 입 위치의 네모난 부분은 보디의 목 조인트에 눌러서 꽂히는 위치. 메이크업 후 복원할 때도 이 모양이 되어야 하니 기억해 두세요.

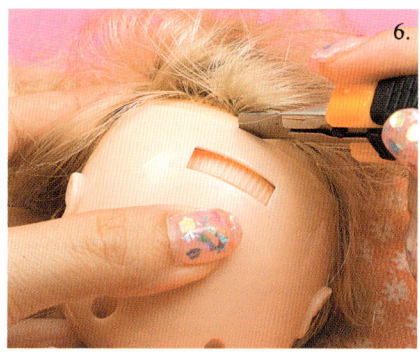

6. 두피 부분과의 경계에 칼을 넣고 조금씩 분리합니다. 머리 뒷부분을 먼저 떼어내는 것이 포인트.

3. 빗다가 머리카락이 끊어지면, 끝자락에서 튀어나온 머리카락을 잘라서 길이를 맞춰줍니다. 이 상태로 오일 스프레이를 뿌려 놓으며, 파마가 살아나고 웨이브가 완성됩니다.

16.

얼굴 부분에서 수직 방향으로 눈의 가동 파츠를 빼줍니다.

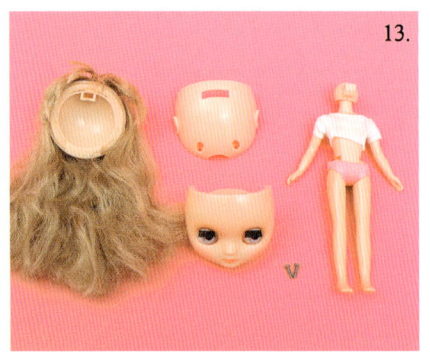

13.

얼굴 부분, 뒤 머리 부분, 두피, 보디 4부분으로 분해했습니다. 나사를 잃어버리지 않도록, 부위의 이름을 쓴 비닐 지퍼백에 넣어 보관합니다.

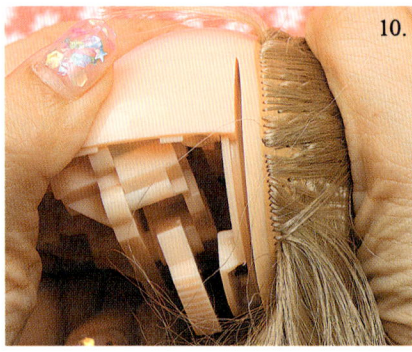

10.

계속해서 얼굴 부분과 두피를 분리합니다. 머리카락을 한쪽으로 몰아서 꼭 잡고, 두피와 얼굴 부분에 틈새를 만들어 조금씩 잡아당깁니다.

17.

눈의 가동 파츠 전면에 있는 눈꺼풀 파츠 중앙의 나사를 풀어줍니다.

14.

얼굴 부분 안쪽에서 눈의 가동 파츠를 고정하는 나사 2개를 빼냅니다.

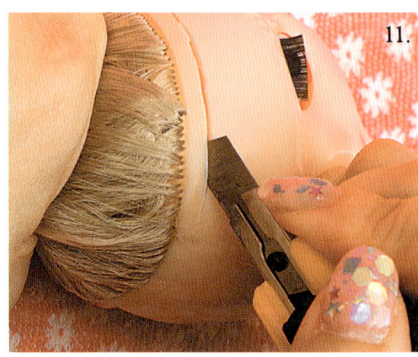

11.

두피와 얼굴 부분의 틈새에 칼을 넣어 잘라줍니다. 커터로 자른 자국이 똑바르게 되어야 메이크업 후 복원이 쉽습니다.

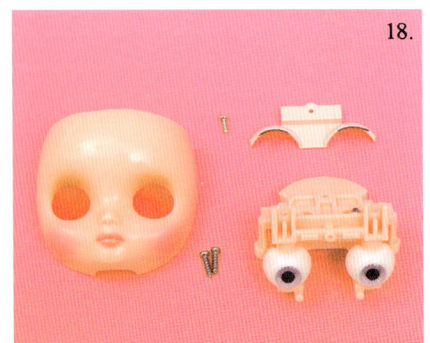

18.

얼굴 부분, 눈의 가동 파츠, 눈꺼풀 파츠의 3개로 분해했습니다. 나사를 잃어버리지 않도록, 나사가 들어가는 부분의 이름을 쓴 비닐 지퍼백에 넣어 보관합니다.

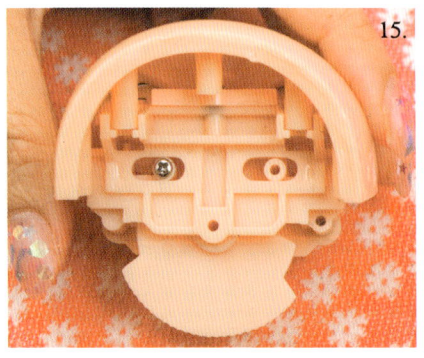

15.

눈의 가동 파츠에는 왼쪽 눈에만 나사가 붙어 있는데, 이것은 빼지 말고 그대로 둡니다.

12.

얼굴 부분을 두피와 수직 방향이 되도록 위로 올려줍니다.

Lesson 2
간단 메이크 오버
- 초급 -

디폴트 메이크업의 분위기를
살려서 인상을 약간 바꾸는
포인트 메이크업입니다.

7. 원하는 치크 컬러가 나오면 다시 「수성 무광 페인트 탑코트」를 스프레이 해서 메이크업을 고정합니다.

4. 굵은 면봉을 손가락으로 풀어헤쳐 줍니다. 면봉이 없으면 둥글게 만든 화장솜을 사용해도 됩니다.

1. 얼굴 주변의 먼지나 오염을 닦아내고, 스프레이로 「수성 무광 페인트 탑코트」를 듬뿍 뿌려서 매트한 질감으로 바꿔줍니다.

8. 눈꺼풀 파츠에서 속눈썹을 뽑아줍니다. 롱 노우즈 플라이어를 준비해, 속눈썹 끝을 잡고 뽑아주면 됩니다.

5. 면봉 끝에 치크용 파스텔을 충분히 묻혀줍니다.

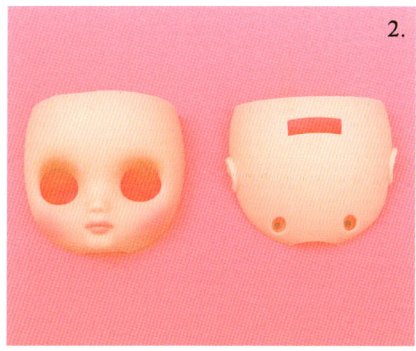

2. 뒤 머리 부분에도 스프레이를 뿌려서 매트하게 만듭니다.

9. 원하는 속눈썹을 준비합니다. 속눈썹은 뿌리가 굵은 것일 경우 틈에 넣기 어려우므로, 가는 것을 권합니다.

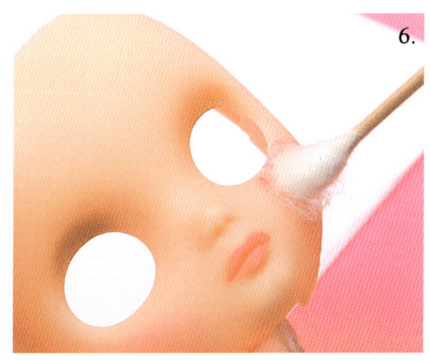

6. 원래 볼의 위치를 중심으로 눈 밑 언저리까지 치크 컬러를 살짝 얹어줍니다. 좌우 균일하게 해주세요.

3. 흰 종이를 준비합니다. 치크용으로 분홍 계열의 파스텔을 커터로 깎아 가루로 만듭니다. 파스텔은 원하는 색을 혼합해도 좋습니다.

디폴트의 속눈썹도 예쁘지만 아래로 처져 있는 것이 마음에 들지 않는다면, 눈꺼풀 부분을 손가락으로 누르고 속눈썹 모를 위쪽으로 눌러주세요.

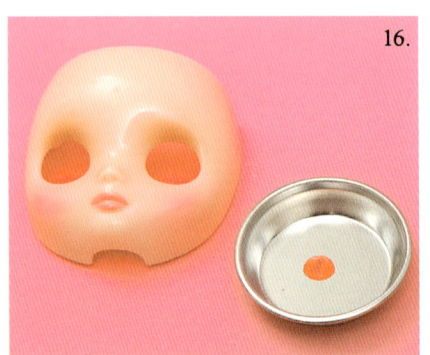

16.

이전 메이크업 이미지를 확 바꾸고 싶다면 입술 컬러를 바꾸는 것을 추천. 이번에 사용할 것은 오다니 씨가 좋아하는 아크릴 물감 「차이나 레드」.

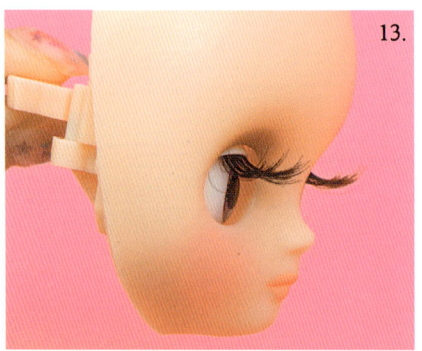

13.

눈의 가동 파츠를 얼굴 파츠에 다시 끼워서 나사로 고정합니다.

10.

속눈썹은 좌우 동일한 부분을 사용해야 합니다(이번에는 눈꼬리 쪽 사용). 속눈썹의 폭에 맞추어 잘라서, 핀셋으로 틈새에 꽂아줍니다.

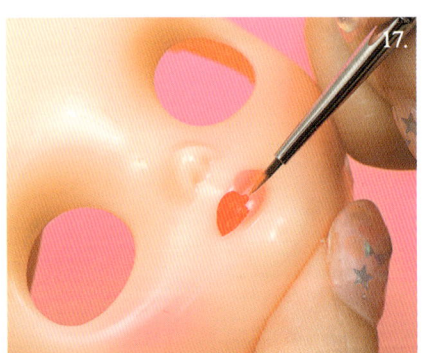

17.

물감을 소량의 물로 희석해 적당한 농도가 되면 붓에 묻히고, 원래 입술 형태대로 채색합니다. 다소 차이가 있더라도 나중에 에나멜 클리어를 바르면 표시 나지 않으므로 신경 쓰지 마세요.

14.

속눈썹이 너무 길다고 판단되면, 끝을 잘라서 정리합니다.

11.

일단 얼굴 파츠에 끼워서, 속눈썹의 양끝이 제대로 눈구멍에서 나오는지 본 다음 순간접착제로 고정합니다. 순간접착제는 가는 노즐 타입을 사용해야 깔끔합니다.

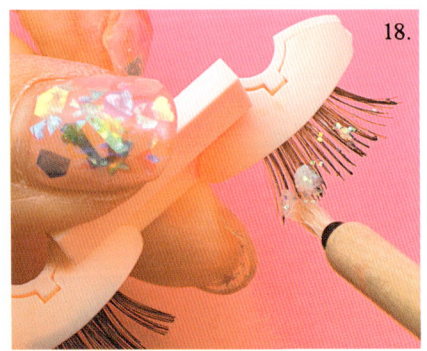

18.

하나 더, 포인트 메이크업 추천. 붓끝에 에나멜 클리어를 묻힌 다음, 네일용 반짝이를 찍어 속눈썹 끝에 올리면 반짝반짝 속눈썹 완성.

15.

원래의 메이크업 입술 위에 「에나멜 페인트 클리어」를 발라 글로스한 느낌을 내면 간단한 메이크업이 완성됩니다.

12.

눈꺼풀 파츠를 눈의 가동 파츠 위에 놓고 나사로 다시 고정합니다.

Lesson 3&4 Material

- 멜라민 스펀지
- 전동 라우터(없어도 무방)
- 디자인 나이프
- 가는 막대형 줄
- 샌드페이퍼
  (400, 600, 1000,
  1500, 2000번)
- 마스크
- 십자드라이버(작은 것)
- 접착제
- 이쑤시개
- 홀로그램 시트
- 가위
- 정밀 핀셋
- 속눈썹

Lesson 3
절삭(성형) 커스텀
- 상급 -

여기부터는 상급 커스텀을 소개합니다. 분해한 얼굴 파츠를 깎고 다듬는 방법으로 조형해서 이미지를 바꾸는 방법입니다.

1. 미츠히데 씨의 모델은 「메어리 앤」. 우선 멜라민 스펀지로 표면을 닦고 원래의 메이크업을 지웁니다. 미세한 가루가 나오므로 마스크를 쓰거나, 신경이 쓰일 때는 물을 살짝 묻혀서 닦으면 좋습니다.

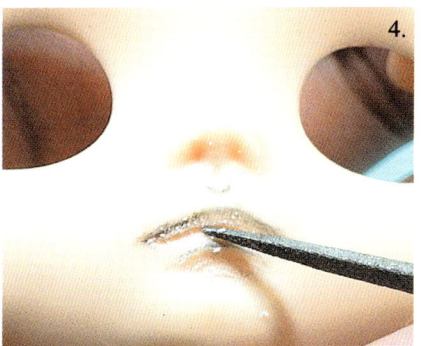

4. 어느 정도 갈아내면, 막대형 줄 또는 입자가 약간 거친 샌드페이퍼(400~600번 정도)으로 바꿔서 라인을 매끈하게 다듬어줍니다.

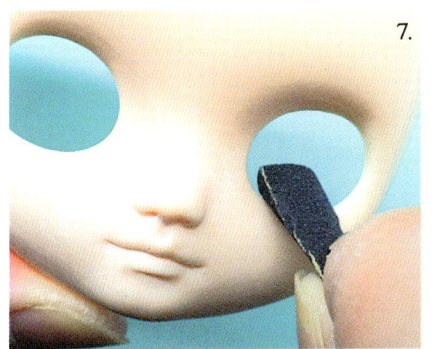

7. 아이홀을 깎는 경우는 샌드페이퍼를 작게 잘라서 조금씩 깎는 것이 좋습니다. 작업 중간에 눈 파츠를 끼워서 아이홀이 좌우 대칭인지를 살펴봅니다.

2. 화장을 지운 모습. 입술 라인 사이에 메이크업 부분이 남아도 깎는 커스텀을 하므로 신경 쓸 필요가 없습니다.

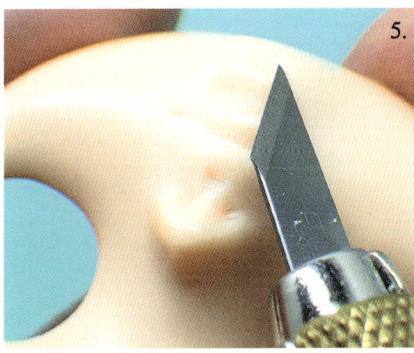

5. 입술 라인의 위치를 바꾸고 싶을 때는 디자인 나이프로 긁어줍니다. 아랫입술의 아래를 깎으면 입술의 위치가 위로 올라간 것처럼 보입니다. 턱도 깎아서 부드럽게 만듭니다.

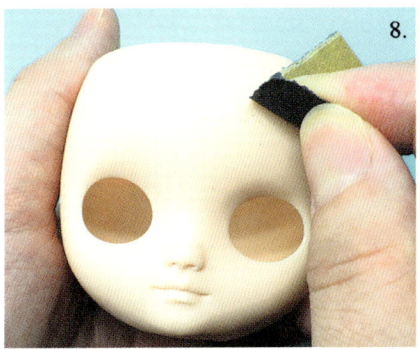

8. 대충 절삭이 끝나면 샌드페이퍼를 거친 것부터 차례로 사용해(600번→1000번→1500번→2000번) 표면을 다듬어줍니다. 이때 얼굴과 후두부를 합친 상태에서 작업하면 이음새가 눈에 띄지 않습니다.

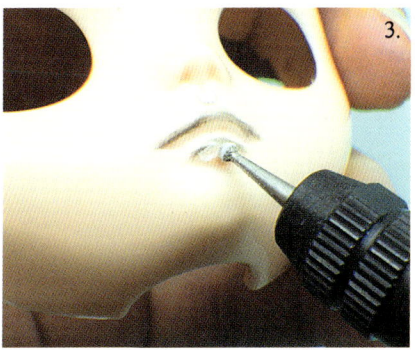

3. 연필로 선을 그려 기준을 정합니다. 이번에는 코 아래, 입술 라인, 아랫입술 아래를 깎습니다. 전동 샌딩기 또는 디자인 나이프로 조금씩 깎아나갑니다. 나중에 손톱용 줄로 다듬을 것이므로 큰 부분부터 절삭합니다.

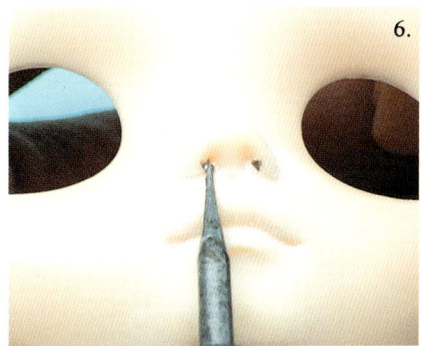

6. 코 아래의 곡선은 전동 라우터의 큰 원형 비트로, 콧구멍은 작은 원형 비트로 다듬으면 좋습니다. 라우터가 없다면 롱근 줄 등을 이용합니다. 작업 중 도구가 얼굴 파츠를 관통하지 않도록 주의합니다.

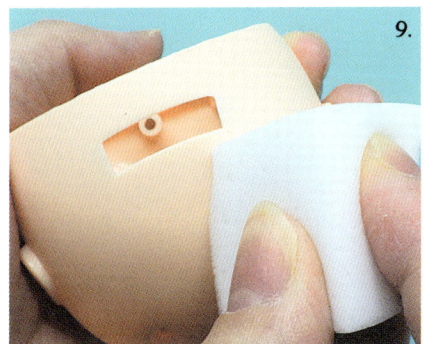

9. 귀의 세밀한 부분도 샌드페이퍼의 끝으로 다듬어줍니다. 마지막엔 진체를 멜라민 스펀지로 닦고, 작은 상처 등이 없는지 점검하고 세척 후 자연 건조시킵니다.

Lesson 4
안구 커스텀
- 상급 -

눈의 가동 부품을
다시 분해해서
홍채의 컬러를 바꾸어봅니다.

7.

피부 쪽의 4개 파츠와 눈의 2개 파츠로 분해했습니다. 커스텀 후 조립할 때는 이와 반대의 순서로 합니다.

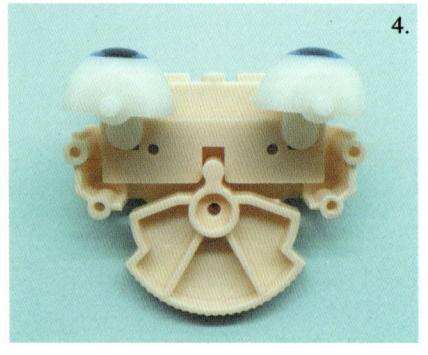

4.

1번 아래쪽의 눈 고정 파츠를 빼줍니다.

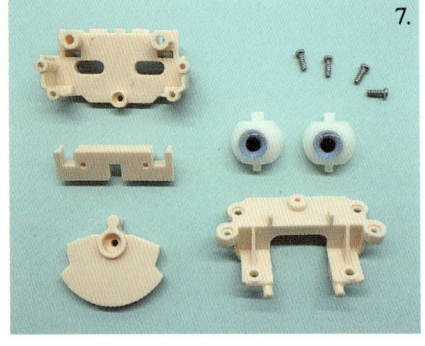

1.

Lesson1의 눈꺼풀 파츠를 빼는 부분까지 실행해서, 눈과 가동 파츠를 분해합니다.

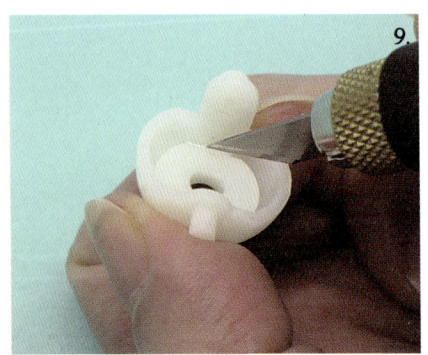

8.

눈의 컬러 변경이나 홀로그램 시트를 넣는 경우에는 안구 파츠를 분해합니다. 우선 눈의 안쪽이 나오도록 뒤집어줍니다.

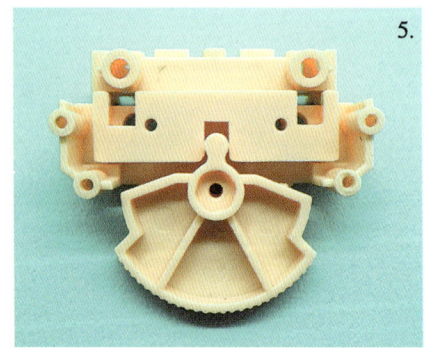

5.

눈 파츠를 분리합니다.

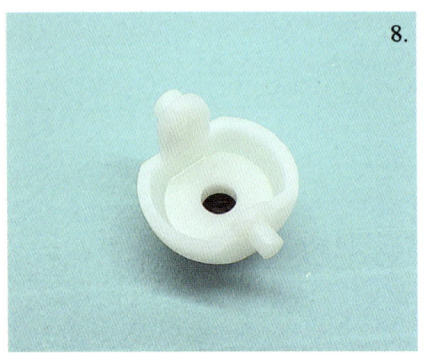

2.

눈의 가동 파츠를 아래에서 보면 이런 구조입니다.

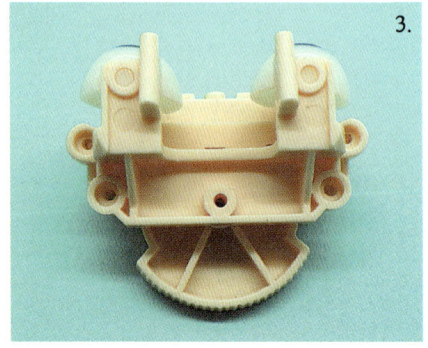

9.

눈의 안쪽에 접착제로 막힌 부분이 있으므로(윤기가 있음). 거기에 디자인 나이프나 커터로 칼집을 넣어줍니다.

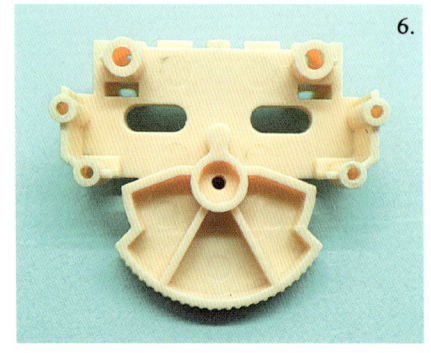

6.

다시 위의 눈 고정 파츠를 분리합니다.

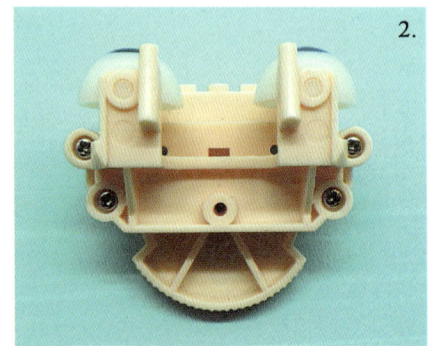

3.

아랫부분에 나사로 고정된 곳 4군데를 드라이버로 풀어줍니다. 나사는 잃어버리지 않도록 파츠 위치를 쓴 비닐 지퍼백에 넣어 보관합니다.

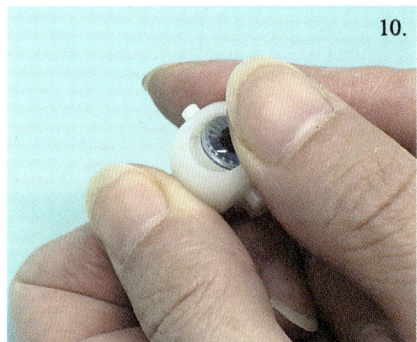

10.

눈의 겉쪽에서 홍채 부분을 살짝 눌러서 빼냅니다.

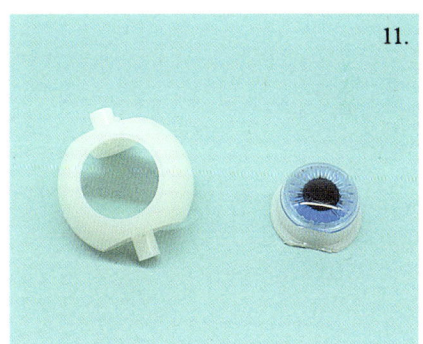

11.

눈과 홍채가 분리된 상태입니다.

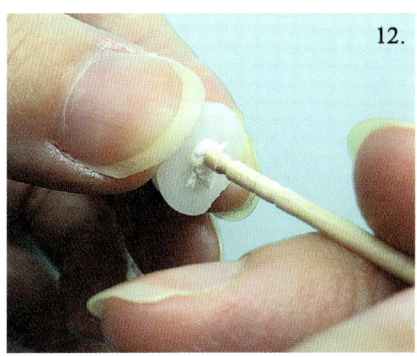

12.

홍채 부분을 토대가 지지하고 있으므로 이것도 분리합니다. 토대 안의 작은 구멍에 잘게 찢은 츄지나 솜 등을 채우고, 이쑤시개로 밀어 넣어 토대와 홍채를 분리합니다.

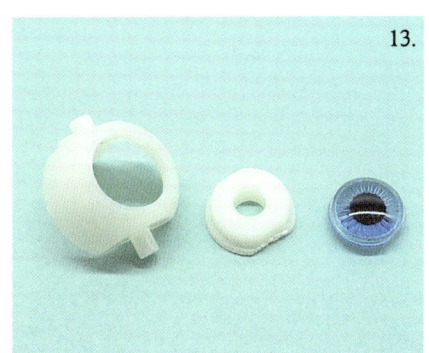

13.

흰색 눈 파츠, 홍채의 토대, 홍채로 분리했습니다. 홍채 안쪽의 검게 채색된 부분에 상처가 있거나 채색이 벗겨졌다면 검정 매직 등으로 보수합니다.

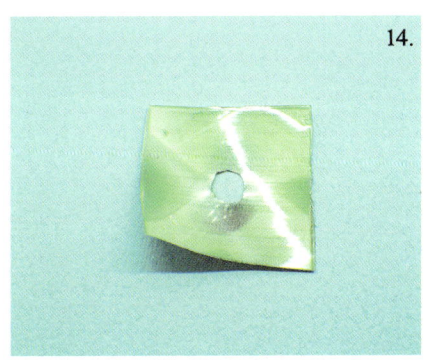

14.

사방 2cm로 자른 홀로그램 시트의 중심에 가위나 커터, 펀치 등으로 지름 4mm 정도의 구멍을 뚫어줍니다. 이번에는 녹색 홀로그램 시트를 사용합니다.

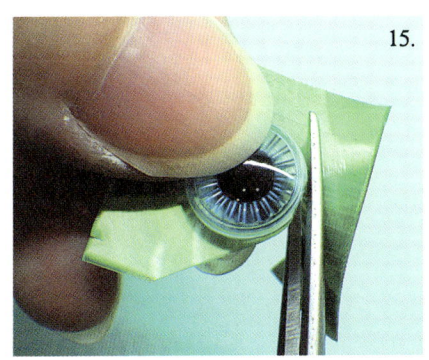

15.

홀로그램 시트의 구멍에 홍채의 끝부분을 끼우고, 홍채의 가장자리를 따라서 가위로 잘라줍니다.

16.

홀로그램 시트를 끼운 상태 그대로 토대에 홍채를 끼웁니다. 홍채와 토대는 완벽한 원형이 아니라 위아래가 직선으로 잘려 있으므로, 그 부분을 맞춰 꼭 끼워줍니다.

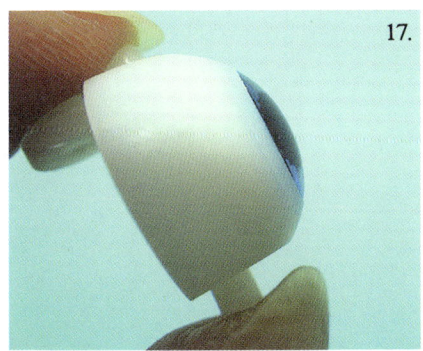

17.

흰색 눈 파츠에 홍채 파츠를 끼웁니다. 정확히 맞추면 사진처럼 홍채와 눈의 경계선이 딱 맞습니다. 만약 높이 차가 있다면, 다시 분해해서 홍채와 토대를 맞춰야 합니다.

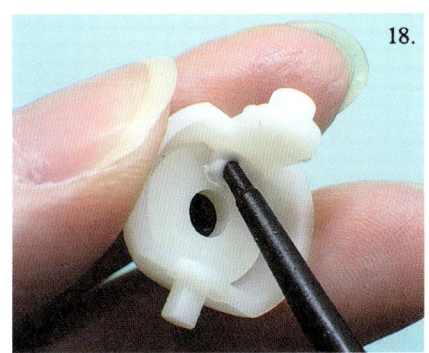

18.

흰색 눈 파츠의 안쪽, 즉 원래 접착제가 붙어 있던 부분을 다시 접착제로 고정합니다. 접착제가 마르면, 7번에서부터 반대 순서로 조립합니다. 이 때 방향에 주의하세요.

Lesson 5 Material

- 아크릴 물감(번 시에나, 브론즈 옐로, 마르스 블랙)
- 도료 접시
- 세필
- 브러시
- 이쑤시개
- 멜라민 스펀지
- 마시멜로 퍼프
- Mr. 슈퍼 클리어 무광 스프레이
- 파스텔(좋아하는 색)

Lesson 5
주근깨 풀 메이크업
- 상급 -

아크릴 물감과 파스텔을 사용한 풀 메이크업 테크닉을 소개합니다.

1.

이번에는 주근깨 피부의 메이크업입니다. 갈색 계통의 '번 시에나' 컬러를 중심으로 '브론즈 옐로'와 '마르스 블랙' 아크릴 물감을 접시에 덜어줍니다.

2.

물을 넣어 세심하게 혼합합니다. 주근깨용은 색상을 약간 연하게 하는 것이 좋습니다.

3.

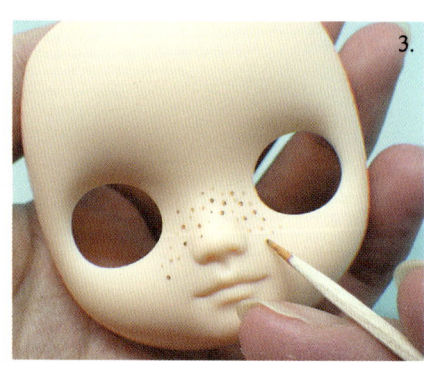

흰 종이 등에 테스트해서 물감의 색과 농도를 확인한 후, 이쑤시개 끝에 물감을 묻혀 균형감을 보며 코 위를 중심으로 점점이 찍어줍니다.

4.

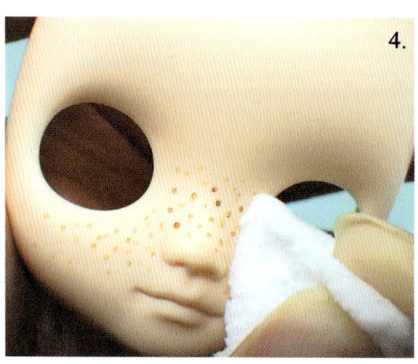

진하게 채색된 경우, 그림물감이 마른 후 멜라민 스펀지로 가볍게 문지르면 자연스러운 주근깨로 연출됩니다.

5.

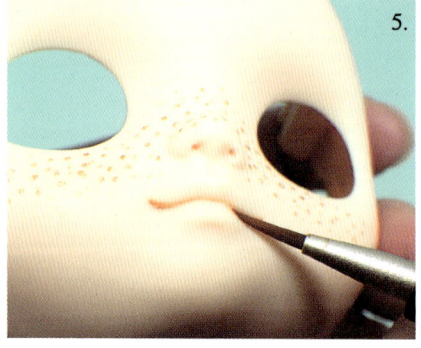

가는 붓에 주근깨와 같은 색의 물감을 묻혀 입꼬리 라인을 그립니다. 잘못 그린 경우엔 멜라민 스펀지로 문질러 지우면 끝. 만약 아크릴 물감으로 아래 속눈썹 등을 그리고 싶다면 지금 타이밍이 좋습니다.

6.

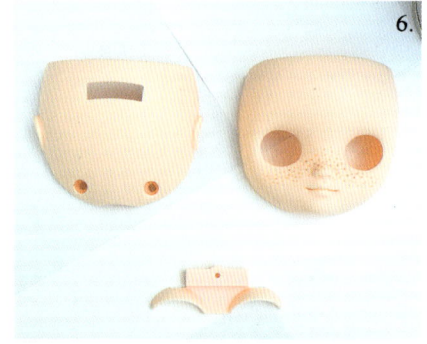

채색이 끝나면 주위가 더러워지지 않도록 흰 종이(신문지는 이염될 수 있어 NG)를 깔고, 「Mr. 슈퍼 클리어 무광 스프레이」를 표면에 뿌려줍니다. (야마토 리퀴드 접착제도 좋습니다.) 후두부와 눈꺼풀도 잊지 마세요.

7.

무광 스프레이가 다 마르면 파스텔로 채색할 차례입니다. 취향에 맞는 갈색 계통의 파스텔을 흰 종이 위에서 문지른 다음, 브러시에 묻혀줍니다.

8.

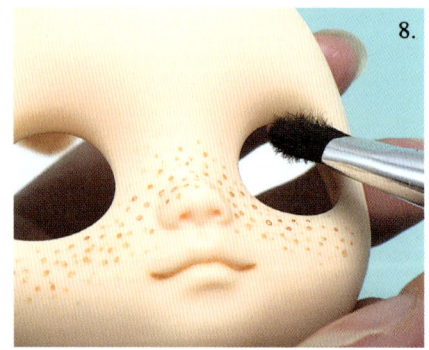

색을 묻힌 브러시를 톡톡 두드리듯이 아이홀 위에 색을 묻혀줍니다. 채색 부분의 가장자리는 마시멜로 퍼프로 부드럽게 펴서 깔끔하게 마무리합니다. 아이홀 아래도 소량 채색하면 자연스럽습니다.

9.

이어서 빨강, 오렌지, 갈색 계통의 파스텔을 섞어줍니다.

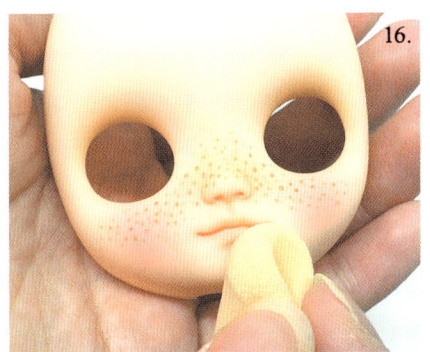

16.

마시멜로 퍼프로 채색 부분을 부드럽게 마무리하고, 매트 스프레이를 2~3번 뿌려주면 끝. 만약 색의 농도가 부족하다면, 스프레이 건조 후에 파스텔을 겹쳐서 발라주고 다시 스프레이 하세요.

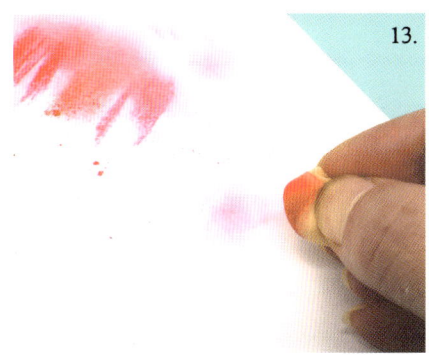

13.

다음은 볼을 채색합니다. 빨강, 갈색, 진한 핑크색 등의 파스텔을 혼합해 좋아하는 색을 만드세요. 붓으로 섞은 다음. 마시멜로 퍼프를 동그랗게 말아 쥐고 치크용 파스텔을 발라줍니다.

10.

얼룩은 신경 쓰지 않아도 되므로, 주근깨 위에도 톡톡 색을 올립니다. 세밀한 부분에 개의치 말고 채색해주세요.

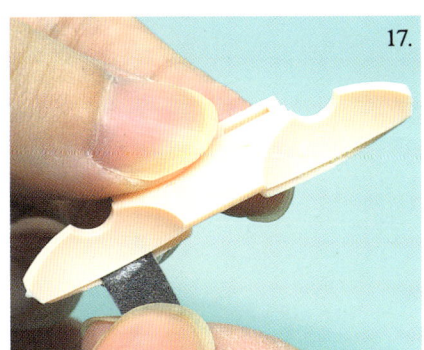

17.

분해해서 원래 속눈썹을 제거하는 단계(Lesson2)까지 한 눈꺼풀 파츠의 스텝업 커스텀. 눈꺼풀 틈새를 넓히기 위해. 접은 샌드페이퍼(400번 정도)를 틈 사이에 넣어 좌우로 움직이며 갈아줍니다.

14.

뺨의 원하는 부분에 톡톡 색을 얹어줍니다. 채색 부분의 가장자리는 새로운 마시멜로 퍼프로 두드려서 부드럽게 펴줍니다.

11.

코 주위에도 색을 얹어줍니다. 약간 붉은 빛이 도는 것이 귀엽게 보이므로, 빨강을 중심으로 갈색이나 분홍색 등 여러 가지 색을 섞어주세요.

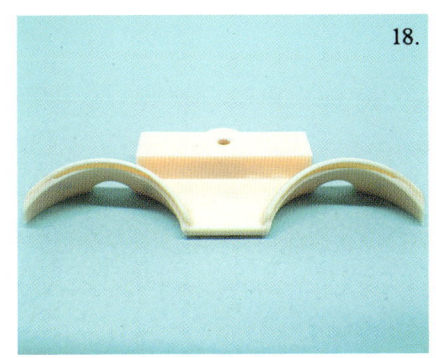

18.

눈꺼풀의 겉면을 지나치게 갈면 속눈썹 뿌리 부분이 비쳐 보일 수 있으므로, 샌드페이퍼 면을 아래쪽으로 향하게 해 안쪽만 가는 것이 좋습니다.

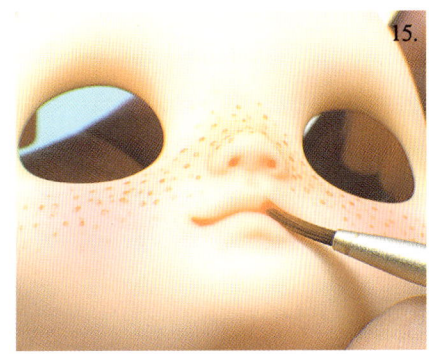

15.

입술도 채색합니다. 볼처럼 빨강, 핑크 등 좋아하는 색을 만든 다음. 가는 붓에 묻혀 입술 라인을 따라 색을 올립니다.

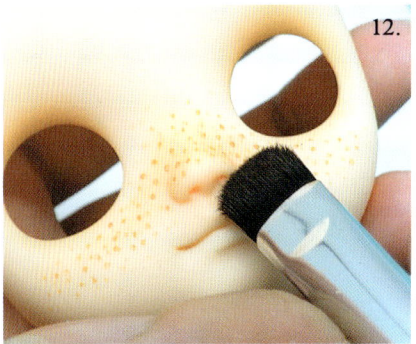

12.

콧구멍이 있다면 구멍 안에도 채색되도록 톡톡 발라주고, 채색 부분의 가장자리는 새로운 마시멜로 피프로 부드럽게 펴줍니다.

25.

두 번째, 세 번째 속눈썹을 겹쳐 붙입니다. 이때 먼저 붙인 속눈썹 아래로 들어가게 하세요. 본드가 채 마르기 전에 좌우 속눈썹의 위치와 균형을 맞춰줍니다.

22.

속눈썹은 아이홀의 길이보다 약간 작게 맞춰서, 너비 1cm 정도로 자릅니다.

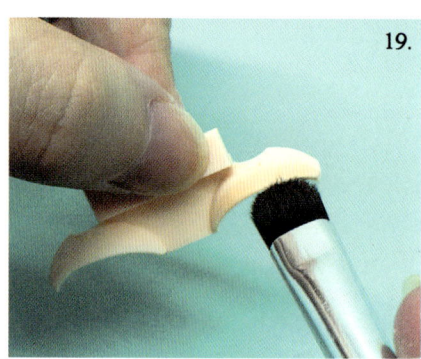

19.

눈꺼풀에 채색하고 싶으면, 아이홀과 마찬가지로 좋아하는 색상의 파스텔을 붓에 묻혀 톡톡 두드려주면 됩니다.

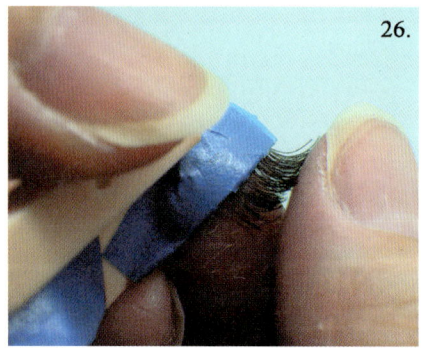

26.

속눈썹 뿌리 부분의 본드가 다 마르면, 손끝을 이용해 속눈썹 끝을 위쪽으로 말아 올려줍니다.

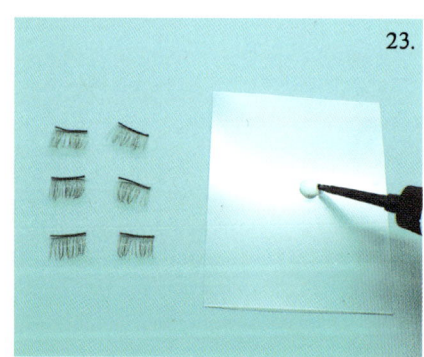

23.

속눈썹을 겹쳐서 붙일 때는 필요 수량을 준비합니다(이번에는 3장 겹침). 작게 자른 클리어 파일 위에 본드를 조금 짜줍니다.

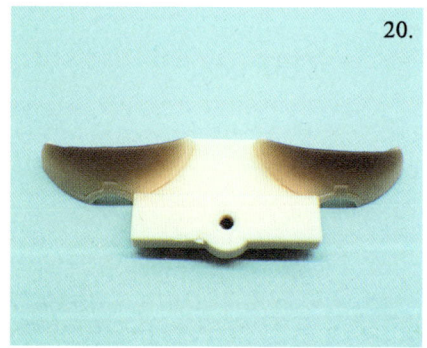

20.

눈꺼풀이 겉으로 드러나는 부분에 제대로 채색되면, 매트 스프레이를 2~3번 뿌려서 고정합니다.

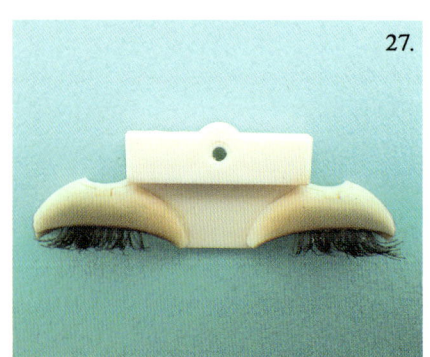

27.

눈꺼풀에 속눈썹이 부착되었습니다.

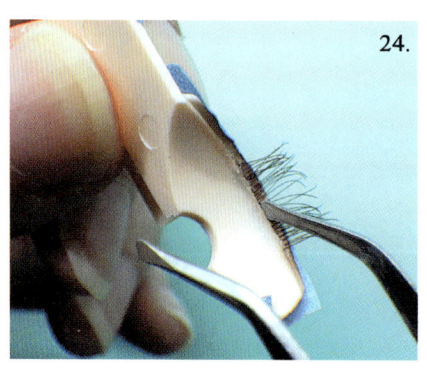

24.

끝이 가늘고 얇은 핀셋으로 속눈썹을 잡고 뿌리 부분에 본드를 붙여 그대로 눈꺼풀에 끼웁니다. 핀셋 끝을 이용해 밀어 넣으면 편합니다.

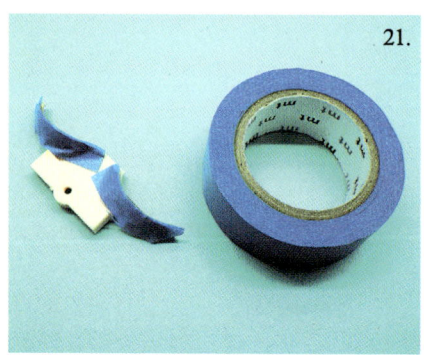

21.

속눈썹을 붙일 때, 접착제가 묻거나 흠집이 나는 것을 막기 위해 눈꺼풀 위에 마스킹 테이프를 붙여줍니다.

Material
- 스테인레스 볼
- 수지용 물감 SDN (자주색, 갈색, 복숭아색)
- 플라스틱 스푼
- 가는 로트 또는 빨대
- 가위
- 링 고무줄
- 키친타올
- 꼬리빗

Lesson 6
펌과 염색
- 초급 -

디폴트 모발을 살려서
펌과 염색을 즐겨보세요!

7. 상하로 흔들어서 처음 염색된 부분을 부드럽게 해줍니다. 40초 정도에 한 번씩 올려서 염색 상태를 확인합니다. 어느 정도 색상이 나오면 10초에 한 번씩 추가 상태를 확인합니다.

4. 80℃ 정도의 물을 준비합니다. 염료:물이 1:20의 비율이 되도록 염색물을 만듭니다(농도 5%). 먼저 복숭아색을 스푼에 사진 분량으로 따라서 3번 넣습니다.

1. 머리카락을 꼼꼼하게 꼬리빗으로 빗어줍니다. 그릇에 뜨거운 물을 넣고 머리를 담가 3분 정도 뎁힙니다. 화상에 주의하세요.

8. 원하는 색상이 나오면 수건으로 가볍게 물기를 제거하고, 목욕탕이나 베란다에서 털어서 물기를 뺍니다. 벽 등에 물감이 묻으면 곧바로 물로 씻어내세요.

5. 이어 자주색을 2번, 갈색을 1번 넣어줍니다. 색상은 취향에 따라 조정하세요. 플라스틱 스푼은 염색이 되므로 1회용을 사용하세요.

2. 뜨거운 물에서 머리를 꺼내 수건으로 가볍게 물기를 제거합니다. 욕실 또는 베란다로 장소를 옮겨서 머리를 잡고 힘차게 흔들어 물기를 뺍니다. 이렇게 하면 컬의 변형이 적습니다.

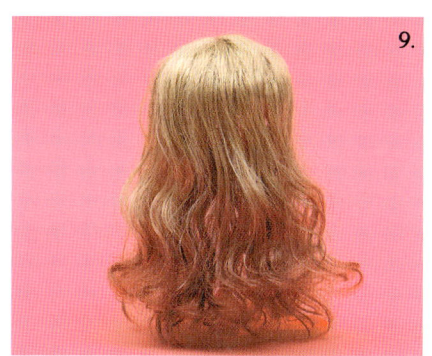

9. 모발을 정리하고 자연 건조하면 염색 완성.

6. 머리가 촉촉이 젖어 있는 상태를 확인한 후, 염색물에 머리카락 끝부터 전전히 담납니다. 그러네이션을 하려면 뒷머리의 중간까지, 또는 앞머리의 끝부분만 담가서 물들이면 됩니다.

3. '수지용 물감 SDN'을 준비합니다. 색상을 섞으면 깊이가 생기므로 혼합을 권합니다. 여기서는 복숭아색, 자주색, 갈색을 사용합니다.

16.

뿌리에서 3cm를 남기고 말아준 후, 로트의 한쪽 홈에 고무줄을 걸고 나머지 홈에 고무줄이 교차하도록 걸어줍니다.

13.

로트의 수만큼 키친타올을 4×7cm 정도로 잘라 준비합니다.

10.

이제부터 펌 어레인지. 조금 굵은 빨대(이케아 빨대 추천)를 약 6cm 길이로 잘라서 3개 준비합니다. 그중 2개만 양쪽 끝에서 각각 2.9cm씩 가위집을 냅니다(중심부를 2~3mm 정도 남기는 것이 포인트).

17.

이 작업을 반복합니다. 초보자라면 머리 뒤쪽부터 마는 것이 좋습니다. 작업을 할수록 요령이 생기기 때문입니다.

14.

앞머리 이외의 머리카락을 10개 블록 정도로 나눕니다. 한 블록의 모발을 빗으로 빗어 펴줍니다. 모발은 살짝 젖어 있는 상태가 말기 쉬우므로, 말라 있다면 분무기로 수분을 줍니다.

11.

나머지 빨대 1개 속에 가위집을 넣은 빨대 2개를 끼워 넣습니다. 가위집을 넣은 방향이 하나는 위, 하나는 아래가 되어야 강도가 생깁니다.

18.

앞머리를 제외한 모든 모발을 말아줍니다.

15.

종이에 모발 끝을 올리고 로트(빨대)를 끼워, 안쪽 말기가 되도록 말아줍니다.

12.

빨대 3개가 겹쳐진 상태에서, 끝에 3mm 정도의 홈을 만듭니다. 양쪽 위아래에 총 4개의 홈을 만들면 로트 완성. 이런 로트를 약 12개 만듭니다.

25.

Lesson1의 분해 순서를 거꾸로 더듬어 머리 파츠를 합체합니다. 얼굴 파츠와 두피를 먼저 합체해 나사를 끼우고, 마지막에 후두부를 끼웁니다.

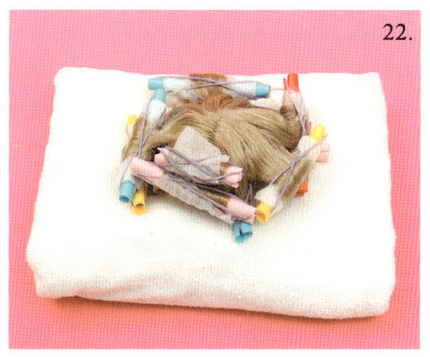

22.

로트가 빠지지 않도록 부드러운 수건에 싸서 물기를 제거하고, 이 상태로 자연 건조합니다. 드라이어는 절대 금지입니다!

19.

앞머리는 상하 2개 블록으로 나눕니다. 머리가 짧으면 분무기로 물을 뿌려 말면 편합니다. 먼저 위 블록을 뿌리까지 말아줍니다.

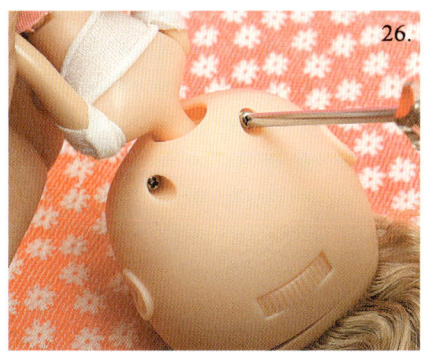

26.

후두부의 나사를 끼웁니다.

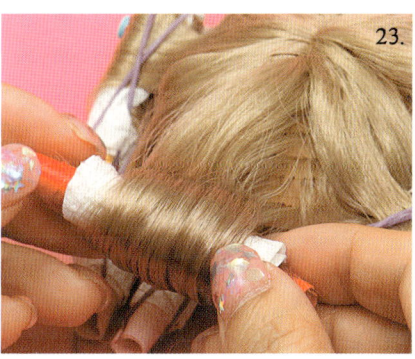

23.

머리가 완전히 마른 것을 확인한 후, 로트를 하나씩 조심스럽게 빼냅니다.

20.

아래 블록도 뿌리까지 말고 고무줄로 고정합니다.

27.

두피 파츠의 틈새를 순간접착제로 고정하면 초급 커스텀 완성!

24.

로트를 제거한 상태. 가발 고정용 스프레이를 뿌리고 취향에 따라 볼륨을 주며 스디일링 합니다.

21.

뜨거운 물을 준비해, 로트가 망가지지 않도록 천천히 가라앉게 합니다. 10분 후 뜨거운 물을 버리고 찬물에 담가 스타일을 고정합니다.

Lesson 7 Material

- 롱노우즈 플라이어
- 수예용 작은가위
- Mr. 칼라 신너
- 화장솜
- 손바늘
- 실(60번수)
- 끈(직경 1mm 정도)
- 와이어
- 내열 컵
- 타올
- 이쑤시개
- 클리어파일
- 접착제
- 랩
- 마스킹테이프

Lesson 7
스트링헤어 식모
-상급-

스트링헤어 식모를 마스터해서 좋아하는 헤어스타일에 도전해보세요.

1. 식모 시의 분해 순서는 Lesson1과 조금 다릅니다. 우선 머리카락을 고무줄 등으로 모아 놓고 두피와 얼굴 파츠의 경계선을 디자인 나이프로 열어 줍니다.

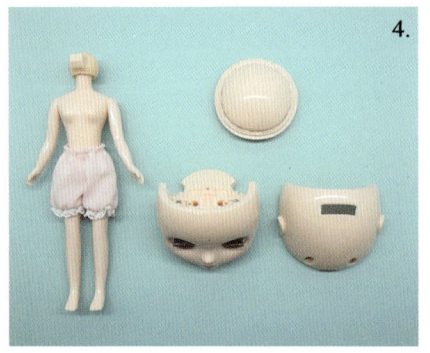

2. 접착 면의 깊이가 7mm 정도여서 그 정도 깊이로 그으면 부드럽게 절개할 수 있습니다. 두피 분리 전에 두피와 얼굴의 경계선 일부에 표시해 두면 조립 시에 편합니다.

3. 얼굴과 두피의 경계선이나 얼굴의 이음새 부분을 두피의 고무가 덮고 있는 경우에는 디자인 나이프로 자르고 일자 드라이버를 넣어 조금씩 틈새를 열어나갑니다.

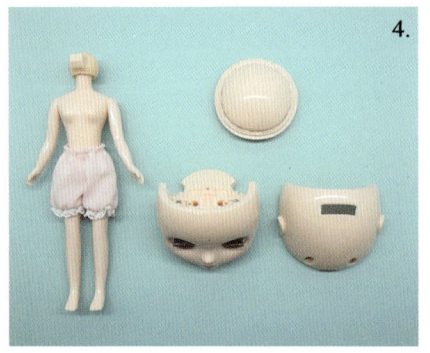

4. 얼굴 파츠와 뒤통수 파츠는 Lesson1과 마찬가지로 일자 드라이버로 틈새를 벌리고 분해합니다. 모발이 붙은 두피 파츠와 두피 아래 오목한 파츠로 분해하는 것이 포인트.

5. 두피 파츠에 붙은 모발을 가위로 아주 짧게 커트합니다.

6. 뿌리로부터 5mm 정도 남아서 스님 머리처럼 됩니다.

7. 롱노우즈 플라이어를 사용해서, 두피의 안쪽에서 모발의 끝부분을 뽑아 나갑니다.

8. 머리카락을 모두 제거하면 「Mr. 컬러 신너」를 화장솜에 묻혀 두피의 페인트를 닦아냅니다. 식모하는 모발의 색에 가깝거나, 두피의 색깔이 신경 쓰이지 않는다면 그대로 두세요.

9. 바늘과 실을 준비해서 스트링헤어를 꿰맵니다. 뒤통수 아래쪽에서 시작하고, 바느질 처음 부분은 되박음질해서 스트링헤어의 끝을 감싸듯이 고정합니다.

10.
두피의 둘레를 따라서 홈질합니다. 한 바퀴를 두르면 스트링헤어를 살짝 위로 비틀어서 두 바퀴째를 홈질합니다. 중간에 실이 모자랄 때는 두피 안쪽에서 매듭짓고 새로 시작합니다.

13.
두피의 중심 부분을 디자인 나이프 등으로 도려냅니다. 이때 스트링헤어가 끊어지지 않게 주의하세요.

16.
두피의 비어 있는 구멍 아래에서 와이어의 끝부분을 잡아당깁니다. 이때 스트링헤어의 뿌리 부분이 두피 안쪽에 남게 됩니다.

11.
두피의 중심이 지름 1cm 정도 남으면 스트링헤어를 조금 남긴 상태로 잘라줍니다. 남은 부분의 끝은 되박음질로 확실히 고정합니다.

14.
이어서 가름마를 만듭니다. 스트링헤어를 너비 18cm 정도로 자릅니다.

17.
가르마 구멍의 크기와 스트링헤어의 균형이 나쁘면 고정되지 않거나 매듭이 빠지게 되므로, 처음에 스트링헤어의 폭을 넓게 잡고 적당히 잘라가며 조정하는 것이 좋습니다.

12.
두피를 뒤집어 안쪽에서 매듭짓습니다. 두피에 변형이 생길 수 있으므로 소심스럽게 뒤집어주세요.

15.
돌돌 말아서 끈으로 묶어줍니다(나중에 풀어야 하므로 너무 꽁꽁 묶지 않도록). 와이어를 반으로 접어 스트링헤어의 중간쯤을 묶습니다.

18.
가르마 조정이 끝나면 묶었던 끈을 풀고, 겉에서 스트링헤어를 조금씩 당겨서 안쪽이 깔끔해지도록 합니다.

Point

분해한 다음, 뒤통수 귀의 위쪽에 있는 이음새 부분을 사진처럼 깎아 두면 좋습니다. 임시 조립이나 분해를 편하게 할 수 있기 때문입니다.

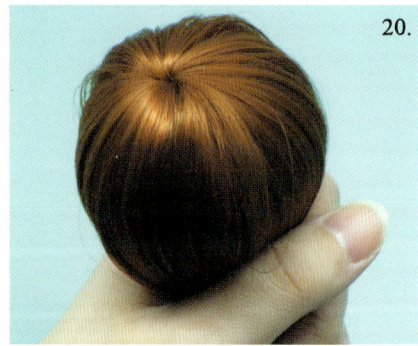

19.

가르마의 중심을 균형감 있게 전체적으로 펼쳐줍니다.

20.

펼친 모발을 사진처럼 손으로 단단하게 움켜줍니다. 두피보다 둘레가 조금 큰 내열 컵에 뜨거운 물을 준비합니다.

21.

뜨거운 물에 가르마 부분을 5초 정도 담근 후, 꺼낸 즉시 수건으로 가볍게 물기를 제거합니다. 손으로 만질 정도로 식으면 가르마와 주변을 눌러서 형태를 고정하고, 마를 때까지 반나절에서 하루 정도 그대로 둡니다.

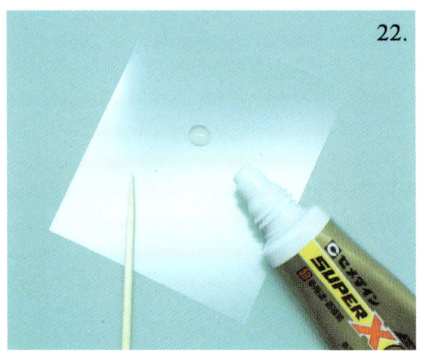

22.

완전히 마른 것을 확인한 후, 작게 자른 클리어 파일 위에 접착제를 조금 덜어냅니다.

23.

이쑤시개에 접착제를 묻혀서, 두피 안쪽의 바느질 시작 부분과 끝부분에 발라주어 실이 흐트러지지 않게 합니다.

24.

임시 조립한 인형(보디나 얼굴에 랩을 감아서 수분이 들어가지 않도록 주의합니다)에 머리를 올리고 마스킹 테이프로 고정합니다. 앞머리를 남기고 여분의 머리는 뒤로 묶습니다.

25.

컵에 인형을 넣고 빈 공간에 키친타올 등을 넣어 움직이지 않게 한 후, 앞머리를 커트합니다.

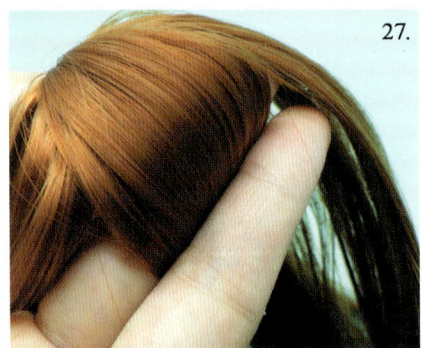

26.

커트 후 사진처럼 머리가 뻗치면, 가르마의 경우처럼 뜨거운 물로 가라앉힙니다. 임시 조립한 두피 파츠를 빼서 앞머리와 함께 손으로 꼭 잡고, 5초 정도 뜨거운 물에 담급니다.

27.

수건으로 가볍게 물기를 제거하고, 화상을 입지 않을 정도로 식으면 손가락 끝을 사용해 앞머리 끝을 안쪽으로 말아줍니다.

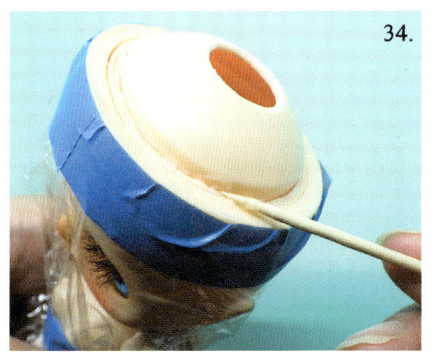

34.

클리어 파일에 본드를 덜어내고, 이쑤시개 끝에 묻혀서 두피의 오목한 부분 접착면에 조금씩 바릅니다.

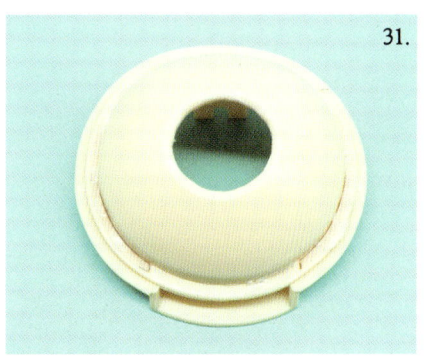

31.

보이지 않는 부분이므로 절단면을 다듬지 않아도 됩니다.

28.

앞머리가 안정되면 다시 본체에 임시 고정하고 원하는 길이로 커트합니다. 앞머리 스타일링이 완성되면 다시 분해합니다.

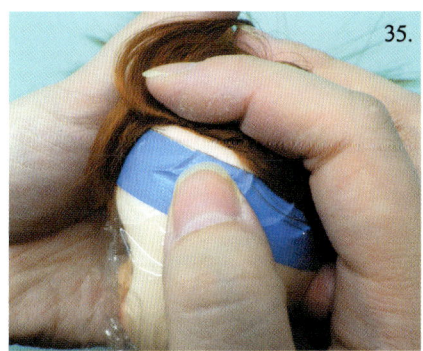

35.

스트링헤어의 두피 부분을 오목한 부분에 올리고 빈틈이 생기지 않도록 꼭 누릅니다. 접착제가 굳을 때까지 잠시 눌러준 후, 한나절 정도 말려서 고정합니다.

32.

눈의 가동 파츠와 얼굴 파츠를 조립하고, 두피의 오목한 부분을 끼웁니다.

29.

가르마의 스트링헤어가 엉키는 것을 막기 위해, 두피 아래의 오목한 파츠를 가공합니다. 우선 오목한 부분의 중심에 유성 펜으로 지름 2cm 정도의 원을 그립니다.

36.

완전히 두피가 접착되면 모발을 스타일링하고 랩을 벗기면 완성!

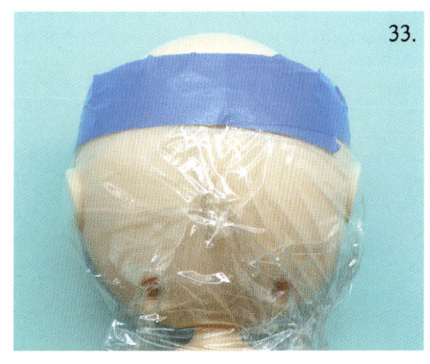

33.

후두부의 나사를 끼웁니다. 두피 접착면 이외의 부분에 흠집이나 접착제가 묻지 않도록, 랩과 마스킹 테이프로 감쌉니다.

30.

전동 라우터와 칼 등을 이용해, 펜으로 그려 놓은 선을 따라 구멍을 뚫어 줍니다.

「토끼 원피스」
for 네오 브라이스, 미디 브라이스

터틀넥 원피스 (네오 브라이스, 미디 브라이스 공통)

Material (가로×세로)

〈네오 브라이스〉
폴라폴리스…35×25cm
레이스…1.2cm 너비×30cm
스냅단추…1개
폼폼…7개
리본…적당량

〈미디 브라이스〉
폴라폴리스…30×20cm
레이스…1.2cm 너비×25cm
스냅단추…1개
폼폼…7개
리본…적당량

How to make 터틀넥 원피스

①각 파츠를 패턴에 맞춰 재단하고 끝은 올풀림 방지액으로 처리한다.
②소매 입구와 뒤판 트임 부분 시접을 접어 재봉한다.
③칼라는 겉이 드러나게 반으로 접어 몸판 목둘레에 재봉한다. 시접은 아래로 넘긴다.
④몸판을 겉끼리 마주대어 소매~옆선을 재봉한다.
⑤앞 스커트 다트를 재봉한다. 앞뒤 스커트를 겉끼리 마주대어 옆선을 재봉하고 가름솔한다.
⑥스커트 뒤중심을 트임 끝 위치까지 재봉하고 가름솔한다.
⑦스커트 뒤트임 시접을 접고 상침한다.
⑧아랫단을 접어 재봉하고 단에 장식 레이스를 단다.
⑨몸판과 치마를 겉끼리 마주대어 재봉한다.
⑩뒤트임에 스냅단추를 달고, 리본과 폼폼으로 장식하면 완성.

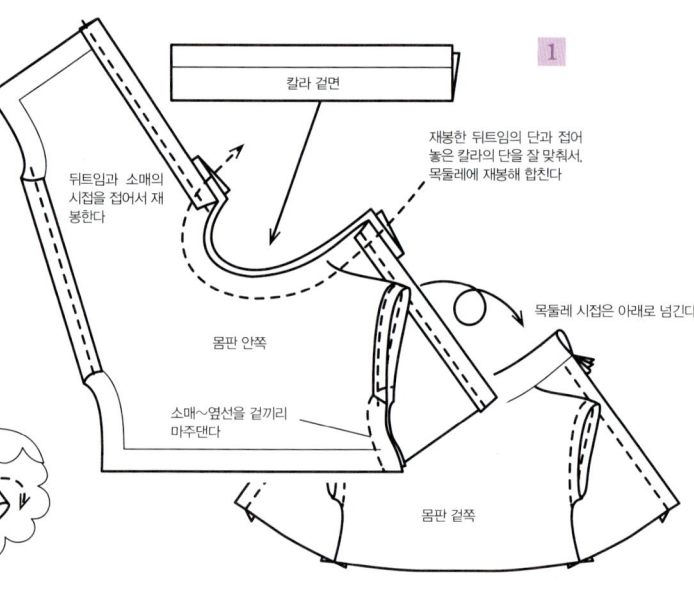

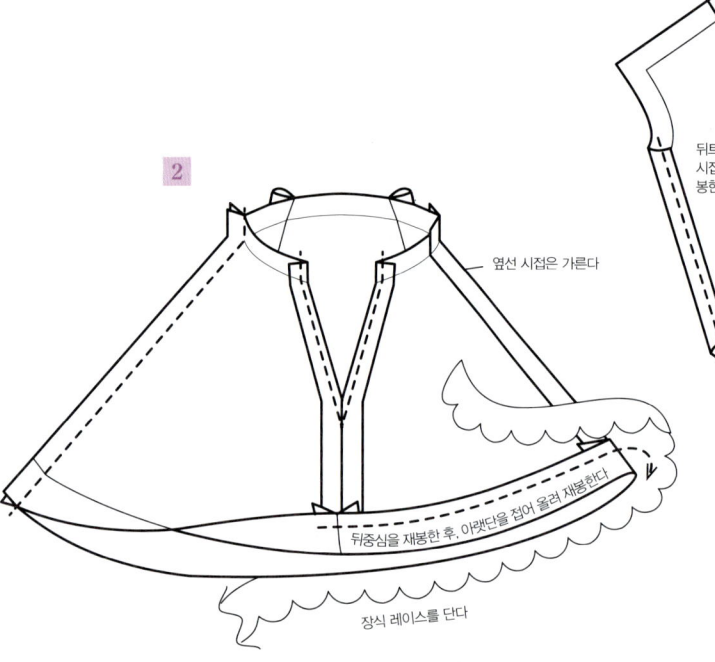

니 삭스 (네오 브라이스, 미디 브라이스 공통)

Material (가로×세로)

〈네오 브라이스〉
순면…14×16cm
고무줄 레이스…0.5cm 너비×12cm

〈미디 브라이스〉
순면…10×12cm
고무줄 레이스…0.5cm 너비×8cm

How to make 니 삭스

①패턴에 맞춰 재단한다. 순면은 올이 흐트러지지 않으므로 올풀림 방지액 처리의 필요는 없다.
②겉쪽 입구에 고무줄 레이스를 올리고, 니트용 실로 재봉해 달아준다.
③원단을 겉끼리 마주대어 재봉하고, 뒤꿈치 부분 시접에 가위집을 넣는다.
④변형되지 않도록 조심스럽게 겉으로 뒤집어서 완성.

「말괄량이 삐삐」 for 미디 브라이스
원피스

Material (가로×세로)
- 면 원단…32×32cm
- 얇은 매직테이프…1.5cm 너비×3cm

How to make 원피스
1. 앞판 뒤판의 어깨를 각각 끼리 마주대어 재봉하고 가름솔한다.
2. 칼라를 바이어스 테이프처럼 접어서, 몸판 목둘레를 감싸듯이 겉쪽에서 상침한다.
3. 소맷부리에 주름을 잡고, 커프스와 겉끼리 마주대어 재봉한다. 시접을 2mm 정도 남기고 자른 후, 커프스로 감싸고 겉쪽에서 상침한다.
4. 소매산에 주름을 잡아서 몸판에 재봉하고, 시접은 몸판 쪽으로 넘긴다.
5. 앞판 뒤판을 겉끼리 마주대어 소매 아래와 옆선을 재봉한다. 겨드랑이 부분에 몇 군데 가위집을 넣고 시접을 가른다.
6. 아랫단을 안쪽으로 접어 겉쪽에서 상침한다.
7. 바이어스로 자른 프릴에 주름을 잡아서 몸판에 재봉해 붙인다.
8. 뒤판 왼쪽 단 안쪽에 매직테이프의 거친 부분을 단다. 이때 가로의 절반이 밖으로 나오게 한다. 뒤판 오른쪽 단 안쪽에 절반의 폭으로 자른 벨크로 테이프의 매끈한 부분을 단다.
9. 뒤중심을 겉끼리 마주대어 트임 끝 위치까지 재봉한다.

에이프런 원피스

Material (가로×세로)
- 면 원단…30×30cm
- 단추…직경 0.5cm×1개
- 좋아하는 장식 단추와 리본 적당량

How to make 에이프런 원피스
1. 앞뒤 몸판의 어깨선을 겉끼리 마주대어 재봉하고 가름솔한다.
2. 목둘레 시접의 곡선 부분에 2~3mm 정도의 가위집을 3mm 간격으로 넣어준다. 시접을 안쪽으로 넘겨 정돈하고 겉쪽에서 상침한다.
3. 소매 입구와 칼라도 같은 방법으로 처리한다. 가위집은 길이 3~4mm 정도.
4. 주머니 입구를 안쪽으로 접어 상침하고, 시접은 안쪽으로 접는다. (시접 부분에 홈질해 살짝 줄인 다음 접으면 쉽다.)
5. 앞판에 주머니를 임시 고정한 후 상침한다.
6. 앞뒤 몸판을 겉끼리 마주대어 옆선을 재봉하고 가름솔한다.
7. 아랫단 시접을 안쪽으로 접고 겉쪽에서 상침한다.
8. 바이어스로 재단한 프릴 원단에 주름을 잡고 몸판에 재봉해 단다.
9. 뒤판의 트임 부분을 접어 상침한다.
10. 뒤판 왼쪽 단에 단추를 달고 오른쪽에 실고리를 만든다.
11. 단추 또는 리본 등으로 포인트를 준다.

호박바지

Material (가로×세로)
- 면 원단…14×16cm
- 납작 고무밴드…3mm 너비×25cm

How to make 호박바지
1. 앞중심을 겉끼리 마주대어 재봉하고, 시접은 한쪽으로 넘긴다.
2. 아랫단을 완성선대로 접어 재봉하고 단에 상침한다.
3. 허리둘레를 완성선대로 접어 재봉하고 단에 상침한다.
4. 아랫단에 고무줄을 통과시켜 5cm 정도로 줄이고, 고무줄 양쪽 끝을 고정한다.
5. 허리둘레에 고무줄을 통과시켜 8cm 정도로 줄이고, 고무줄 양쪽 끝을 고정한다.
6. 뒤중심을 겉끼리 마주대어 재봉한다.
7. 앞중심과 뒤중심 시접을 한쪽으로 넘기고, 밑아래를 겉끼리 마주대어 재봉한다.

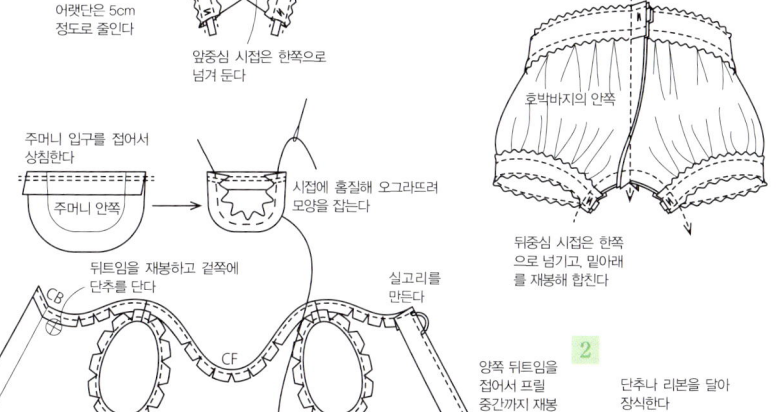

어둠 숲의 원피스
for 네오브라이스, 미디브라이스

어둠 숲의 원피스(네오 브라이스, 미디 브라이스 공통)

Material (가로×세로)
- 얇은 면 평직(아사면 60수)…25×25cm
- 워싱 광목 40수(스커트용)…30×10cm
- 레이스…0.8cm 너비×15cm
  (미디 브라이스는 목둘레용으로 10cm 추가)
- 둥근 비즈…네오 브라이스 직경 0.2cm×5개,
  미디 브라이스 직경 0.2cm 3개

How to make 어둠 숲의 원피스
1) 앞판과 옆판 사이에 레이스를 끼워 겉끼리 마주대어 재봉하고, 시접은 앞중심 쪽으로 넘긴다.
2) 네오 브라이스 사이즈만) 뒤판의 다트를 재봉한다.
3) 앞뒤 몸판의 어깨선을 재봉한다.
4) 소매 입구에 주름을 잡아, 접어 놓은 커프스와 겉끼리 마주대어 재봉한다. 단에 상침하고 시접은 소매 쪽으로 넘긴다.
5) 소매산에 주름을 잡아 몸판 진동둘레에 맞춰 재봉한다. 시접에 가위집을 넣는다.
6) 네오 브라이스 사이즈만) 겉칼라와 안칼라를 겉끼리 마주대어 재봉하고, 가위집을 넣은 후 겉에서 상침하고 다리미로 눌러준다.
7) 네오 브라이스 사이즈는 목둘레 파츠, 미디 브라이스 사이즈는 레이스를 몸판 목둘레에 겉끼리 마주대어 재봉한다. 시접에 가위집을 넣고 몸판 안쪽으로 넘겨 상침한다.
8) 소매~옆선을 재봉하고 옆선 시접은 가른다.
9) 스커트 아랫단을 완성선대로 접어 상침한다. 몸판과 스커트를 겉끼리 마주대어 재봉하고, 시접은 몸판 쪽으로 넘기고 상침한다.
10) 몸판의 뒤트임 끝 위치까지 재봉한다. 시접은 가르고 상침한다.
11) 스커트 뒤중심을 트임 끝 위치까지 재봉한다.
12) 뒤트임에 둥근 비즈를 달고 실고리를 만든다.

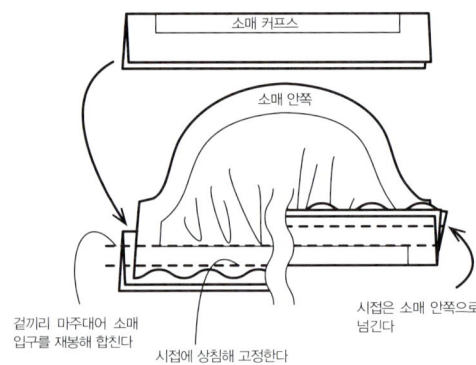

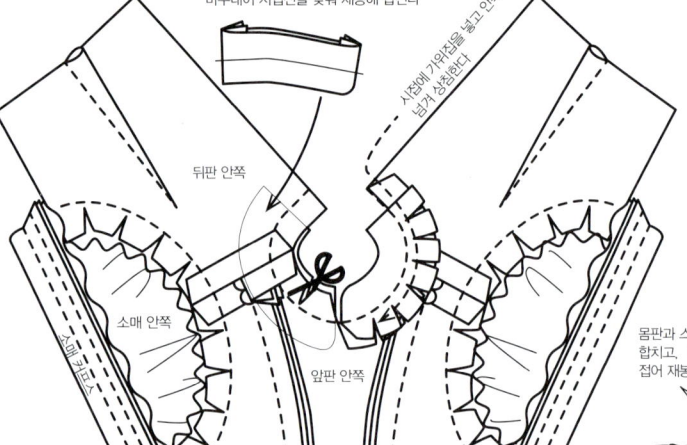

양말(네오 브라이스, 미디 브라이스 공통)

Material (가로×세로)
- 니트 원단…15×15cm

How to make
1) 양말 입구 시접을 완성선대로 접고 상침한다.
2) 뒤중심을 겉끼리 마주대어 재봉하고 겉으로 뒤집는다.

어둠 숲의 원피스
for 네오브라이스, 미디브라이스

언더스커트(네오브라이스, 미디브라이스 공통)

Material (가로×세로)
- 얇은 면 평직(아사면 60수)…20×10cm
- 레이스…1.6cm 너비×40cm
- 납작 고무밴드…0.3cm 너비×10cm

How to make 언더스커트
① 아랫단을 완성선대로 접고 레이스를 단다.
※ 레이스는 약 1cm 간격으로 5mm의 턱 주름을 잡아준다
② 스커트의 허리는 완성선대로 접는다. 고무밴드는 네오 브라이스는 5.5cm, 미디 브라이스는 5cm의 위치에 완성치수의 표시를 하고, 양끝 쪽으로 시접 5mm 표시를 한다. 고무밴드를 당기면서 허리를 재봉한다.

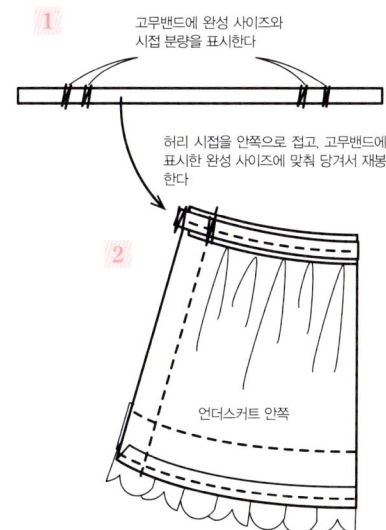

카츄샤(미디 브라이스만)

Material (가로×세로)
- 리본…0.5cm 너비×19cm
- 납작 고무밴드…0.3cm 너비×3cm
- 꽃 모티브…5개
- 둥근 비즈…직경 0.2cm 너비×15개

How to make
① 리본(19cm)의 양끝을 5mm씩 접고 고무밴드와 재봉해 원형으로 만들어준다.
② 꽃 모티브의 중심에 둥근 비즈를 3개씩 달아준다.
③ 리본에 꽃 모티브를 재봉해 단다.

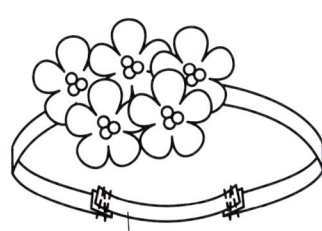

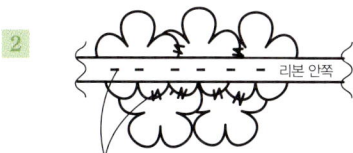

에이프런(네오 브라이스, 미디 브라이스 공통)

Material (가로×세로)
- 면 론…15×10cm
- 망사(광목색)…15×10cm
- 레이스…0.8cm 너비×30cm
- 리본 또는 자바라 끈…0.2cm 너비×25cm

How to make 에이프런
① 안에이프런(망사)와 겉에이프런(면)을 겉끼리 마주대고 사이에 레이스를 끼워서 재봉한다. 시접에 가위집을 주어 겉으로 뒤집고, 완성선을 정돈해 다림질한다.
② (네오브라이스만) 에이프런 아래판 위에 위판을 올리고 위판에 상침한다.
③ 리본 또는 자바라 끈(네오 브라이스 35cm, 미디 브라이스 23cm)을 앞치마 윗단에 재봉해 끈을 만든다.

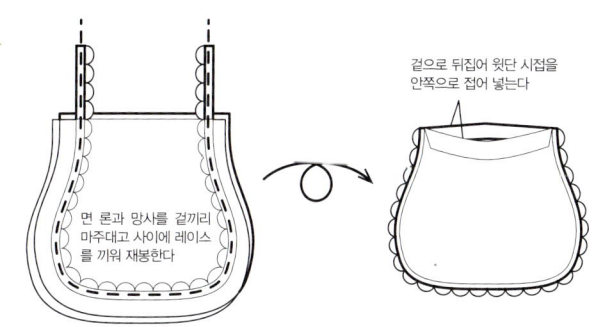

머리 리본(네오 브라이스만)

Material (가로×세로)
- 면 론…12×6cm
- 레이스…12cm 너비×13cm
- 레이스…0.9cm 너비×15cm
- 수술 장식…2.5cm 너비×15cm
- 별 모양 참…1개
- 똑딱 핀…1개

How to make 머리 리본
① 12cm 너비 레이스의 중심에 면 원단을 올리고, 레이스의 시접을 접어서 안쪽 가운데로 모아 접는다. 접은 시접이 많이 겹쳐지면 5mm 정도만 남기고 자른다. 안쪽의 합쳐지는 부분은 손바느질한다.
② 0.9cm 너비 레이스와 수술 장식을 반으로 자른다. ①에서 만든 리본 본체의 겉면 양쪽 끝에 0.9cm 레이스를 달고, 안쪽에 수술을 단다. 여분의 레이스와 수술은 끝단을 안쪽으로 접어 상침한다.
③ 본체의 중심을 주름잡고 손바느질로 임시 고정한다.
④ 리본 고정용 고리 원단과 레이스를 겹쳐 긴 폭의 시접을 중심을 향해 접는다.
⑤ 리본 본체의 중앙을 고정용 고리로 감싸고 뒤쪽에서 손바느질로 고정한다.
⑥ 별 모양 참 장식을 달아준다.
⑦ 리본 고정용 고리의 뒤쪽에 똑딱 핀을 끼운다.

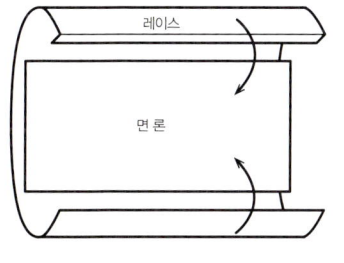

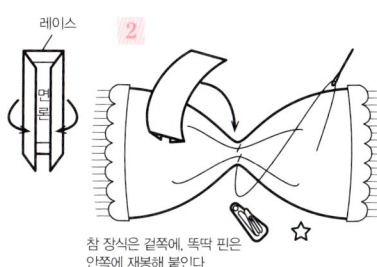

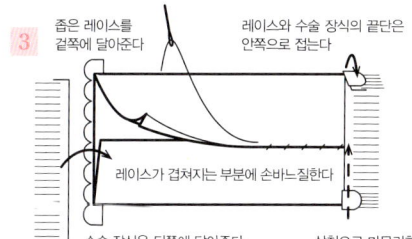

Happy 15th! Blythe News

2016년은 네오 브라이스 탄생 15주년! 궁금했던 애니버서리 모델을 비롯해 주목할 만한 신작을 소개합니다. 이번 특집에 나온 미디 브라이스도 앞으로 속속 신작 등장. 커스텀하고 싶지만 디폴트도 매력적이라고 생각하는 분들은 2가지 모두 환영해 주세요.

디폴트 그대로도 귀여워요

문의처 「브라이스 공식 사이트 CWC」
http://www.blythedoll.com
「타카라 토미 고객상담실」

2016년 애니버서리 인형에 주목!
CWC 한정 15주년 애니버서리 네오 브라이스
「알레그라 샴페인」
● 2016년 여름 발매 예정 / 가격 미정

▶네오 15주년의 애니버서리 모델은 샴페인을 이미지화한 드레스와 파티 사양의 블랙드레스 세트! 화려한 펄 액세서리가 포인트!
※일러스트는 개발중인 이미지입니다.

네오 브라이스
「원터리시 얼루어」
● 2015년 12월 발매　● 18,500엔(부가세 별도)

니트 바부슈카를 비롯해, 모직이나 털을 사용한 북유럽 풍 디자인. 얼굴은 라디엔스+의 미백 피부 모델입니다.

네오 브라이스
「민티 매직」
● 2016년 1월 발매　● 18,500엔(부가세 별도)

초콜릿과 민트 모티브의 달콤한 디자인. 라디엔스+의 크림색 피부로, 눈동자색은 민트와 브라운 사양입니다.

TOPSHOP 한정 네오 브라이스
「쉐리 바베트」
● 2016년 2월 발매　● 18,500엔(부가세 별도)

폭신한 핑크색 곰인형 옷을 입고 어깨까지 오는 보브헤어를 한 모델. 미백 피부 최초의 크림색 반투명 피부.

네오 브라이스
「레이디 카멜리아」
● 2016년 3월 발매 예정　● 19,800엔(부가세 별도)

외출 기모노 아가씨가 출시된 이후, 오랜만의 기모노 모델. 레이스를 사용한 레트로 모던 디자인이 귀엽습니다.

미디 브라이스
「멜라니 유비크 걸」
● 2015년 10월 발매　● 13,400엔(부가세 별도)

오드니 미우키 씨와 콜라보 작업한 멜라니. 금발의 펌헤어, 미백 반투명 피부에 보라 눈동자입니다.

미디 브라이스
「메어리 앤」
● 2015년 11월 발매　● 13,400엔(부가세 별도)

상급 커스텀 모델로 활약한 메어리 앤. 헤어는 브라운 스트레이트. 피부색은 크림, 눈동자색은 라이트 블루.

미디 브라이스
「데인티 메도우」
● 2016년 2월 발매 예정　● 13,400엔(부가세 별도)

얼루어와 같은 바부슈카에 눈동자색인 라이트 그레이도 동일. 가운데 부분은 펌헤어, 피부색은 미백 피부입니다.

미디 브라이스
「랑피온 오브 더 밸리」
● 2016년 3월 발매 예정　● 13,400엔(부가세 별도)

발뒤꿈치까지 오는 롱 헤어를 느슨하게 땋은 랑피온. 꽃 모티브의 디자인이나 액세서리가 귀엽습니다.

BLYTHE is a trademark of Hasbro. ©2016 Hasbro.All Rights Reserved.

Renewal! Junie Moon News

세계 브라이스 팬들의 '성지' 다이칸야마 Junie Moon이 작년에 리뉴얼 오픈했습니다. 브라이스용 의상뿐만 아니라 고객을 위한 예쁜 용품이 두둥, 구매 욕구가 활활! 매달 갤러리&워크숍에도 놀러 오세요☆

For Blythe

JM 돌리웨어 for 22cm 인형 「하트풀 코트」
- 2016년 1월 발매　● 4,600엔(부가세 별도)

Junie Moon 돌리웨어는 네오와 미디용의 드레스 세트. 인형 본체와 구두는 미포함이므로 주의 바랍니다.

JM 돌리웨어 for 20cm 인형 「인 투 더 우즈」
- 2015년 11월 발매　● 각 5,980엔(부가세 별도)

JM 돌리웨어 for 22cm 인형 「보브 슈가 베이비」
- 2015년 11월 발매　● 각 6,980엔(부가세 별도)

For You!

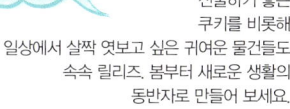

선물하기 좋은 쿠키를 비롯해 일상에서 살짝 엿보고 싶은 귀여운 물건들도 속속 릴리즈. 봄부터 새로운 생활의 동반자로 만들어 보세요.

브라이스 가죽 장지갑
- 2016년 2월 발매 예정
- 15,000~17,000엔(부가세 별도)

▲ 소가죽으로 된 사용하기 편리한 장지갑. 플레밍 아리스와 쥬니 문 리본의 2종.

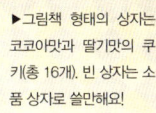

가죽 핸들 토트백
- 2016년 2월 발매 예정　● 9,800엔(부가세 별도)

◀ 「쥬니 문 리본」풍의 토트백으로 손잡이는 소가죽으로 어른스럽게 마무리.

브라이스 가죽 펜케이스
- 2016년 2월 발매예정　● 각 4,800엔(부가세 별도)

▶ 돼지가죽 제품의 펜케이스. 콤팩트하고 슬림한 타입이지만 수납력은 짱!

브라이스 똑딱이 동전지갑
- 2016년 2월 발매 예정
- 각 3,600엔(부가세 별도)

▶ 손안에 쏙 들어오는 사이즈의 똑딱이 프레임. 부드러운 돼지가죽 제품으로 4종.

브라이스 쿠킹 「플레밍 앨리스」
- 호평 발매중　● 1,600엔(부가세 별도)

▶ 그림책 형태의 상자는 코코아맛과 딸기맛의 쿠키(총 16개). 빈 상자는 소품 상자로 쓸만해요!

브라이스 가죽 카드 케이스
- 2016년 2월 발매 예정
- 각 5,000엔(부가세 별도)

▲ 릴 코드가 부착되어 출근과 통학 시에 편리하게 사용할 수 있는 카드케이스!

브라이스 종이 크래프트 「쥬니 문 큐티」 「다크래빗 홀」
- 2016년 2월 발매 예정
- 각 920엔(부가세 별도)

▶ 사각 실루엣이 신선한 ☆ 키트는 A4 사이즈에 설명서가 첨부되었고, 전체 높이는 14cm.

문의처 「다이칸야마 쥬니문」 도쿄도 시부야구 시루가쿠쵸 4-3 스즈엔 다이칸야마 빌딩 1F(전화 응대는 월요일 제외).

MOMOLITA'S GLOBAL TOUR
VANCOUVER

모모리타의 세계여행　밴쿠버 편

2015년 8월 9일, 캐나다 밴쿠버에서 '브라이스 콘서트 밴쿠버'가 개최되었습니다. 캐나다에서 처음 열리는 브라이스 콘서트는 2년 전부터 오너들에 의해 준비되었고, 오리지널의 아이디어로 즐겁게 천천히 즐길 수 있는 이벤트로 구성되었습니다.

전날 해변 광장에서 예비 미팅. 1년 만에 다시 만난 미국과 캐나다 친구들과 분위기가 업되었습니다. 전날 판매된 이벤트의 오리지널 프린트 옷감을 사용한 드레스를 입고 있는 아이들! 모두 브라이스 콘서트에 만반의 준비를 했네요. 예비 미팅에서는 작은 벼룩시장도 열리고 있었는데, 저는 목마를 구입할 수 있어서 지금도 가슴이 두근거립니다. 미국, 유럽 친구들과 수예점 정보를 교환하거나, 예비 미팅 후 쇼핑을 하거나, 인형과 친구들이 함께 모이는 것은 정말 즐겁습니다.

브라이스 콘서트 밴쿠버는 WallCenter라는 아주 예쁜 홀에서 이루어졌습니다. 판매자 수는 32테이블이라고 적혀 있고, 천천히 이벤트를 즐겨 달라는 주최자의 마음인지 회장에는 고객 테이블도 넓게 마련되었고 시간도 오전 열 시부터 저녁 일곱 시까지, 느긋한 일정이었습니다.

자연에 둘러싸인 이곳만의 기획으로 올빼미 보호단체의 부스도 출점했는데, 손님으로 나타난 두 마리의 부엉이에 브라이스 팬들도 대흥분! 귀여운 올빼미와의 촬영회도 열렸습니다.

Blythe Con Vancouver

▲ 모두의 즐거움, 구디 백. 이벤트 오리지널 굿즈 외에도 작가로부터 기부된 소품이나 카드가 많이 들어 있어 즐거움 가득한 가방입니다.

▲ 창가의 긴 테이블에는 러플의 상품이 진열되어 있습니다. 추첨 시간까지 '커스텀 인형에 당첨될지도 몰라' 하며 망상에 빠졌습니다.

◀ 회장에 오지 못한 멕시코의 인기 아티스트 Dr. Blythenstein은 귀여운 디스플레이로 참가했습니다. 가발로 당신도 Yarn Heads가 될 수 있다는 즐거움!

▲ 'Wedding Day'를 주제로 한 의상 대회 개최. DOLLIES LOVE DRESSES의 Kelly 작품이 우승했습니다.

▲ 개성 있는 표정의 커스텀 인형들. 캐나다에서도 역시 보디를 리카 보디로 교체해주는 것이 인기입니다.

식사가 럭셔리한 것이 매우 좋았습니다. 점심은 뷔페로, 디저트도 무제한! 스타벅스의 음료 무제한 서비스도 대인기로 순식간에 사라졌어요. 모두 테이블을 끌고 나와 인형들을 전시하고, 식사를 하거나 인형 친구들과의 시간을 정말 즐겁게 보냈습니다.

회장이 유튜브 스트림으로 바로 전송되었는데 내 부스 바로 옆에 카메라가 있었어요. 유럽 친구로부터 '모모코 보고 있어'라는 메시지를 받고 웃어 버렸습니다. 회장에 있는 사람뿐 아니라 먼 곳의 브라이스 팬들도 하나 되어 즐겼던 이벤트라고 생각합니다.

브라이스 콘서트 밴쿠버의 티켓 가격은 벤더(달러)가 $120, 일반 입장료는 $60입니다.

◀ 아름다운 디스플레이가 눈길을 끈 Rhododo's Nest와 ParasolDoll&hello miss,quito.

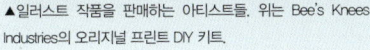
▲ 일러스트 작품을 판매하는 아티스트들. 위는 Bee's Knees Industries의 오리지널 프린트 DIY 키트.

◀ MOMOLITA의 재봉 실연, 바로 저입니다. 이제는 상당히 익숙해졌어요.

prd miniatures
http://www.prdminiatures.com/
https://www.flickr.com/photos/prdminiatures/
Wabi-Sabi Dolls
https://www.flickr.com/photos/wabisabi12/

밴쿠버에서 정교한 인형 하우스를 제작하는 아티스트, 패리스 씨를 만났습니다. 마치 진짜 같은 리얼한 모습이었어요. 평소에는 1/12 사이즈를 제작하지만, 브라이스 콘서트에서는 돌 커스텀 아티스트인 Wabi-Sabi dolls 씨와 콜라보하고 1/6 크기의 돌 하우스와 커스텀 브라이스를 전시하고 있었습니다. 두 분의 웹사이트에서 멋진 작품을 감상하세요.

International artists

prd miniatures

MOMOLITA'S GLOBAL TOUR
LONDON

모모리타의 세계여행 **런던 편**

Blythe Con UK 2015

◀테이블에 구디백과 인형들이 놓여 있습니다.

브라이스 콘서트 UK는 영국에서 연 1회 개최됩니다. 2015년은 10월 3일에 런던 첼시에 있는 아름다운 건물 Chelsea Old Town Hall에서 열렸습니다. 런던에서는 4년 만인데, 영국에서는 역시 런던이 가장 흥분됩니다. 유럽은 물론 아시아에서도 브라이스 팬들이 몰려들었습니다.

Pre Meeting

전날 밤의 예비 미팅. 런던답게 술집에서 한 손에는 맥주를 들고 인형 이야기를 나눴어요. 이날 저녁 런던에 도착한 나는 몹시 지쳐서, 일찍 들어가 다음날 준비를 했습니다. 콘서트 당일은 개장과 동시에 많은 사람들로 붐볐어요. 참석자가 달아야 하는 명찰이 런던의 버스 모양이라 귀엽습니다.

◀스테이지 위에 진열된 경품에 모두 신이 났습니다.

▲나, 모모리타의 기모노 재킷은 해외에서도 호평받았습니다.

▲홍콩의 커스텀 아티스트 K Baby Dolls도 일본의 브라이스 콘서트에 참가해주세요!

▲커스텀도 사랑스러운 Ris Ras의 숄더백이 대인기.

▲사진작가 Dolly Treasure의 전시. 일본 브라이스 콘서트에도 참가해주세요!

56

▲Emma Mount Art의 일러스트 작품. 액세서리, 플레이트, 쿠션 커버 등 다 욕심납니다.

▲귀여운 종이 공예를 발견했습니다!

▲TSANFW는 구두뿐 아니라 양복이나 백도 멋집니다.

▲봉제도 디스플레이도 멋진 Setllinna. 작은 백도 귀엽습니다.

◀Poupee Mecanique의 레오도 일본의 브라이스 콘서트에 옵니다!

회장에서는 쇼핑 외에도 사진 촬영 코너나 워크숍, 대회가 열렸습니다. 포토 부스는 3초마다 연사여서 허둥지둥 포즈를 바꾸느라 난리! 콘테스트는 2개가 개최되었습니다. 양복의 Fashion Competition(테마는 Chelsea Girl)과 인형과 작가가 함께하는 패션 콘테스트 미니미 경연. 후자는 이탈리아의 Rosanna가 멋진 핑크와 골드의 외출 복장으로 우승!

Photo Booth

워크숍은 Dolly Treasures Elieen의 사진 워크숍과 나의 재봉 시연회입니다. 나의 시연에서는 점프슈트를 만들었습니다. 많은 분들이 동영상 촬영을 하고 들어주셨습니다. 하지만 밴쿠버에서처럼 바지를 팬츠라고 해서 웃음이 터졌어요. 영국에서는 팬츠가 속옷이랍니다. 즐거운 실패가 좋은 경험이 되네요.

◀moshi moshi 걸스도 역시 리카 보디를 좋아합니다.

◀다양하고 귀여운 작은 니트의 칼라와 장갑!

Workshops

▲Dolly Treasures의 인형 세팅과 사진 찍는 방법. 세팅 방법을 시연하는 중.

◀레오가 지켜보는 가운데 MOMOLITA의 재봉 시연.

◀앤틱풍으로 가공된 의상 Alice's tea. 일본의 브라이스 콘서트 경품에도 협찬합니다. 감사!

▶축하해요 Rosanna! 헤어스타일도 멋지네요.

Mini Me Competition

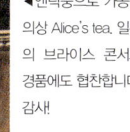

▶포토존에서는 즐거운 사진을 찍을 수 있습니다.

▶회장에 출현한 신비로운 아이.

Japanese Vendors

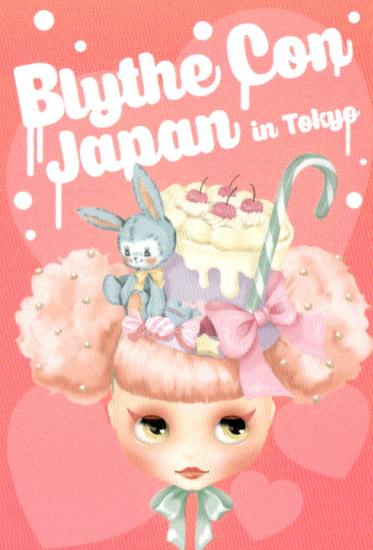

Blythe Con Japan in Tokyo

25th June 2016

Blythe Con Japan Vendores List

2016년 6월 25일 열리는 국제 행사 Blythe Con Japan의 참여 딜러가 정해졌습니다. 해외에서도 많은 아티스트가 참여하는데, 여기에 Vendor(딜러)들을 소개합니다. 티켓은 1월에 발매되어 매진되어 버렸습니다. 하지만 일본에서 처음 열리는 이 행사를 다 같이 즐길 수 있도록, 경품과 구디백에 대한 기부로 행사에 협력해 주시면 감사하겠습니다.

Calalka
몇 번 염색한 천이나 레이스를 인형에 둘러주어, 살짝 퇴폐적인 분위기를 표현했습니다.

Boutique·Buri
미소가 지어지는 물건과 귀여운 아이템들, 까또나쥬의 인형 수납함을 한 번 봐주셨으면 합니다!

Blythe In Japan
후리소데, 흰색 옷, 하카마, 궁도복을 중심으로 애정을 담아서 정중하게 제작하고 있습니다.

aki0season
브라이스에 딱 맞는 모자나 신발이 많습니다. 꼭 보러 와주세요!

Dakawaiidolls
커스텀 인형과 양복이나 구두를 제작하고 미국, 유럽의 브라이스 컨벤션에 참가하고 있습니다.

CrankyGel
인형옷과 사람 옷, 액세서리를 제작하고 있습니다. 인형 작가 니시오리 진 씨의 작품도 전시 판매 예정입니다.

Clap-clap
관서 지방을 거점으로 인형옷이나 인형용의 액세서리, 소품을 제작 판매하고 있습니다. 여러분을 만날 날을 기다리고 있습니다!

Cherry Merry Muffin
청순가련 스타일의 드레스 세트나 커스텀 인형을 판매할 예정입니다.

guilty
원피스와 니트 등 아웃핏을 중심으로 제작하고 있습니다.

Glass Moon
홋카이도에서 인형옷 제작과 인형 행사를 주최하고 있습니다. 브라이스와의 만남이 인생을 바꾸어 주었습니다.

DOLL HOUSE by miyuki odani
'어른의 인형 놀이'를 콘셉트로 인형의 커스텀, 소품을 제작 판매합니다.

Decoration Box
화려한 인형 드레스 & 미니어처 과자나 액세서리-달콤한 장식을 집어넣을 장난감 상자.

ikachan
사랑을 가득 담은 네오 사이즈, 미디 사이즈의 아웃핏을 만들고 있습니다. 브라이스 서미트에도 참가.

honoka
핀턱과 드론 워크, 자수 등의 세밀한 작업을 소중하고 섬세하게 하여 우아한 양복을 만들고 있습니다.

Honey Drops
스토리성 있는 메이크업이 목표. 이번 콘서트에서는 커스텀 브라이스, 아웃핏을 전시 판매 예정입니다.

HANON
브라이스의 커스텀은 2001년부터 시작. 총 3,300체 이상의 커스텀을 했습니다.

H (애쉬)
손으로 뜬 니트웨어를 중심으로 그 작품들에 코디한 양복과 소품 등을 제작하고 있습니다.

Leopar*M
사람 옷과 같은 디자인으로 제작. 거리에서 보는 것과 같은 단순하고 착용하기 쉬운 아이템을 정리할 예정입니다.

LA PLANETE RETRO
어련하고 사랑스러운 옷, 새롭고 설레는 옷을 멋지게 차려입은 브라이스가 매우 좋습니다. Love & Peace!

KUNIneKO
옷, 양복, 소품, 미니어처, 커스텀 등 다양한 귀여움을 믹스하고 전달하도록 노력하겠습니다.

kirara doll
특히 눈에 중점을 두어 공주 계열, 걸리 계열, 미인 계열을 위주로 한 커스텀 인형을 제작하고 있습니다.

Jumping Box
사람의 의상 스타일에 약간의 크래프트 느낌을 넣은 해피한 옷만 들기를 지향합니다.

mumudolly
클래식하지만 귀여움을 더한, 언제까지나 마음에 드는 듯한 작품을 만들려고 노력하고 있습니다.

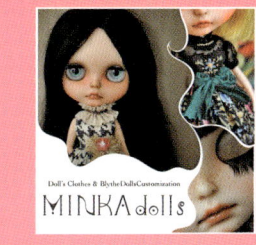
MINKAdolls
22cm 인형옷 & 인형 소품의 제작을 중심으로, 때때로 커스텀 브라이스의 제작을 하고 있습니다.

Miina Rinnut
낭만적이고 행복한 분위기의 옷을 만들고 있습니다.

MEGU-MEGU
2013년경부터 브라이스 아웃핏 제작을 시작했습니다. 다양함을 표현하고 싶어요.

Mayrin
브라이스를 만나서 작은 옷 만들기를 하고 있습니다. 독학으로 1/6 인형 하우스와 가구도 만들고 있습니다.

sankaku FRASCO.
이색적인 소재를 믹스한 사람 옷을 네오 브라이스, 미디 브라이스 사이즈로 제작하고 있습니다.

Rosalynn Perle
로사린 펄리 주재 인형과 함께할 수 있는 가게를 2016년 3월 신규 이전했습니다.

pepino
사람 옷을 의식한 아웃핏을 제작하고 있습니다. 인형옷과 어른 옷 모두 같이 입을 수 있는 외출복 등도 제작합니다.

Nijiya
2013년부터 인형 행사에 출전하기 시작했습니다. 약간 레트로하고 여성스러운 양복을 만들고 있습니다.

NEO_YOPPY
브라이스용 양복 가게, 옷 가게, 란제리 가게로 제작 & 판매합니다.

Welcome to my secret garden
비밀의 화원의 요정을 이미지화 하고 있습니다.

vanilatte
의류 관련 일을 거쳐서 독립. 인형옷 제작 외에 캐릭터 인형의 프로듀스도 하고 있습니다.

Toy ㅁ
인형에 입히고 싶은 '이상의 옷' 또는 자기가 입고 싶은 옷 사이를 오가는 듯한 감각으로 제작하고 있습니다.

The Buttercup Chain
레트로 & 걸리 스타일의 양복을 만들고 있습니다.

Tammymode
브라이스에 모든 모드와 스타일의 양복을 입혀 주고 싶어서 제작 하고 있습니다.

베이비도우
레트로 헝겊 인형이나 봉제 인형 제작. 인형옷이나 미니 인형 행사에 참가. 최근엔 창작 인형 의상도 만들고 있습니다.

소곤소곤 바느질
리버티 프린트, 핀턱, 플리츠를 좋아하기 때문에 자주 디자인에 반영하고 양복을 제작하고 있습니다.

고쿠마좌(곰자리)
아메 노모리 히로코, 인형옷 작가이자 만화가(바느질 소녀).

쿄코의 번뜩이는 여행지도
번뜩이는 대로 즐거운 작품을 마련하고 있습니다

wisteria 55
인형 케이스 등을 판매할 예정입니다.

미니어처샵 자유시간
미니어처 잡화를 팔고 있습니다! 브라이스에 맞는 모자나 신발도 있습니다.

미지타마 사롱
'귀여운 캐주얼'을 콘셉트로 제작하고 있습니다 브라이스 서미트 2012년, 2013년 참가.

미스케로
LeLeJuniemoon이나 인형 이벤트, 핸드메이드 사이트 minne를 중심으로 인형옷, 소품 등을 제작, 판매하고 있습니다.

마론☆
브라이스용 가발을 제작하고 있습니다. 브라이스 양이 더 귀여워지는 데 도움이 된다면 좋겠습니다.

마키◎마키
브라이스 백(고양이 캐릭터 마유가 그려진 에코백) 아웃핏. 챙모자, 가랜드 등의 소품류를 제작하고 있습니다.

International Vendors

노우나이 마야쿠
프릴과 레이스를 사용한 드레스, 심플한 원피스 등 옷과 액세서리를 만들고 있습니다.

쿠마 지루시~ 여왕님의 마르셰
쿠마 지루시 커스텀 브라이스의 전시와 오리지널 아웃핏 판매 부스입니다.

와루소 네코
옷에서 부츠, 소품, 가구나 방까지, 전체적으로 만들기에 열중하고 즐기고 있습니다.

를뤼르
인형을 위한 작은 동물 인형옷과 양모 자수의 액세서리를 만들고 있습니다.

메시메시와 쁘띠
쁘띠 브라이스의 양복, 기모노 또는 신발 등을 전시할 예정입니다. 자그마한 브라이스로 보러 오시면 기쁘겠습니다.

BopAllen. Goods for you
인형옷 만들기를 사랑하는 동양 남자입니다. 빈티지 소재를 사용한 작품을 준비하고 있습니다.

Blythe Fairy Tales
일러스트레이터, 스토리 작가, 커스텀 인형 작가. 특별한 스토리를 가진 커스텀 인형을 제작하고 있습니다.

BAJOO
자연의 소재를 사용한 따스한 색조의 얇은 천을 덧댄 섬세한 드레스를 제작하고 있습니다.

Alice Blice
디자이너, 플라스틱 아티스트. 우주의 색깔에서 영감을 얻어 핸드 페인팅의 안구 칩을 제작하고 있습니다.

단풍
사진가, 인형 커스텀 작가로서 커스텀 인형의 기획전 등에 출전하고 있습니다.

Dafnerydolls
많은 사람을 기쁘게 하는 커스텀 인형을 제작합니다. 동물을 너무 좋아해서 동물 모자도 만들고 있습니다.

Cosmia
스페인의 그래픽 디자이너. 빈티지 패션과 섬유, 꽃과 고양이의 모티프를 좋아합니다.

Chu Things
매일 작은 양복 작품을 만들고 있습니다. 열정이 있어 매우 행복합니다!

Carlaxy Worldwide dolls
커스텀과 의상도 제작합니다. 인형의 세계를 좋아해서 모두 웃는 얼굴로 작품을 만들고 있습니다.

CARAMELODY
세상을 더 멋지게 만들고 싶은 한국 여자입니다. 알록달록 색깔을 맞춘 양복과 모자 만들기를 좋아합니다.

Funny Bunny
50년대~70년대의 로리타를 좋아합니다. 빈티지 프린트에 네온 컬러와 골드를 맞춘 양복을 제작하고 있습니다.

Freddy-Creations
싱가포르에서 10년 이상 바비의 커스텀을 했습니다. 현재는 브라이스 커스텀을 중심으로 작품을 만들고 있습니다.

Dr.Blythenstein
네덜란드의 Valeri입니다. 네오와 미디를 비롯해 니키나 완다에도 양복을 만들고 있습니다. 놀러 오세요!

Dr.Blythenstein
브라이스는 소녀로서뿐만 아니라 마음속에 있는 동물이나 식물로도 보일 거예요. 나의 'Yarn heads'처럼요.

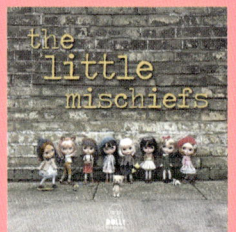
Dolly Treasures
사진작가 Eileen입니다. 제 사진집 'The littlemischiefs'를 가지고 가겠습니다!

Jodiedolls
커스텀 인형과 의상을 제작하고 있습니다. 디오라마를 제작하는 남편과 작품을 구상하고 있습니다.

IxTEE Production
인형옷이나 액세서리를 제작하고 있습니다. 오리지널 인형 MUI 짱도 호평 발매 중입니다.

I HAVE WINGS
현대풍으로 어레인지 된 동심의 빈티지 스타일로 커스텀 인형과 양복을 제작하고 있습니다.

hola gominola
일러스트레이터, 디자이너. 나의 터치로 아이 같은 생생한 커스텀 인형을 제작하고 있습니다.

G.Baby
샌프란시스코의 작가. 독특하고 매력적이고 시원한 스타일의 커스텀 인형을 제작하고 있습니다.

Maybe Doll
중국을 비롯한 세계 각국에서 수집된 의복, 구두, 액세서리, 가발, 작가 작품도 판매합니다.

Lovely ravely
한국에서 참여합니다! 린넨과 실크를 사용한 드레스를 제작하고 있습니다.

Lounging Linda
50~70년대의 아름다운 옷감에 골드를 악센트로 한 과자 같은 의상을 제작하고 있습니다.

Kuloft
꽃을 흩뿌려 만든 옷이나 헤드 드레스를 제작하고 있습니다.

KBabyDolls
커스텀 인형 제작은 마치 개성을 가진 아이를 만들 듯이! 창작은 의상과 액세서리 제작으로 확장될 것입니다.

Pinkkis
핀란드에서 참가합니다. 귀엽고 재미있게 디자인된 인형 가방 '슬립 색'을 제작하고 있습니다.

OUR BLYTHES
이것은 패트리시아의 아이디어. 만약 모두의 작품이 판매되는 브라이스 백화점이 있다면?? 남미에서 모두에게 전파 중입니다.

Orchid's Designs
호주의 일러스트레이터. 초 로맨틱 일러스트 작품과 의상, 커스텀 인형도 제작하고 있습니다.

muculdoll
런던에서 미술을 배우고 사진가를 거쳐서, 현재는 창작 인형 작가로 다양한 인형의 커스텀을 하고 있습니다.

MforMonkey
모직과 앤틱 레이스, 동물을 주제로 여러 가지 소재와 스타일을 맞추어 창작하고 있습니다.

Rhododo'd Nest
시애틀의 일러스트레이터자 조각가. 자연과 주위의 모든 것에서 영감을 받아 창작하고 있습니다.

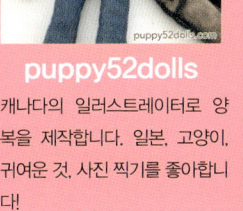
puppy52dolls
캐나다의 일러스트레이터로 양복을 제작합니다. 일본, 고양이, 귀여운 것, 사진 찍기를 좋아합니다!

Poupeemecanique
19세기로부터 영감을 받은 섬세한 양복을 런던에서 제작하고 있습니다.

pomme-pomme
빈티지 텍스타일과 스트리트 패션에 영감을 받아 양복을 제작하고 있습니다.

Pomipomari
태국의 Natt입니다! 커스텀 인형을 제작하고 있습니다.

Trio
호주에서 색깔, 음악, 멋진 아티스트의 사진 등에서 영감을 받아 양복을 제작하고 있습니다.

Sugar A
아동복, 귀여운 액세서리, 주위의 멋진 것들에서 영감을 받은 독특하고 섬세한 의상을 제작하고 있습니다.

Stablehouse Custom
스테이블 하우스입니다. 커스텀 인형을 제작하고 있습니다.

Simon Yuen
홍콩의 Simon입니다. 인형을 매우 좋아해서 양복 만들기를 하고 있습니다. 제 디자인을 좋아해주시길 기대합니다.

Sabparos
태국 Sabparos 스튜디오에서는 오리지널 안구 칩이나 인형 액세서리를 제작하고 있습니다.

Xanamaneca
포르투갈의 아티스트. 커스텀 인형과 의상을 제작하고 있습니다. 사진을 찍고 공유하는 일도 열심입니다.

Whitepolka
태국에서 브라이스 커스텀을 합니다. 불방울 같은 눈과 어린 얼굴이 내 작품의 주인공! 모두 해피하기를 바랍니다.

VIVA!
좋아하는 브라이스에 맞는 니트 작품을 제작하고 있습니다. 전세계 사진 중에서 내 작품을 보게 되면 행복할 거예요.

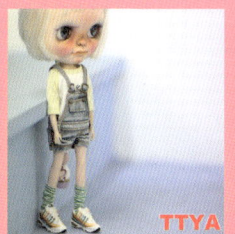
TTYA
Truly Talented Young Arisian. 사랑스러운 캐주얼 의상을 제작하고 있습니다. 디테일을 자랑하는 브랜드가 꿈입니다.

TSANFW
스페인 출신으로 영국에 거주하는 아티스트, 양복과 신발, 액세서리를 제작하고 있습니다.

드림 종이 인형

미즈노 준코 월드보다 매혹적인 옷 갈아입히기 인형을 소개합니다. 자르고 입히면서 즐기세요! 이번 인형은 2001년 4회 연재로 막을 내린 환상의 만화 '숲의 마코 씨'의 주인공 마코 씨입니다. 숲속 집에서 마녀 일을 하는데 제대로 힘쓰지 않으면 마법을 사용할 수 없어서 하루만 응대가 가능하고 고객은 소수로 제한된다고.

취미인 '마법 쿠킹'을 할 때 착용하는 앞치마. 아직 연구 중이지만 솜씨가 좋아서 많이 더러워지고 있습니다.

잠옷. 입으면 체력과 마력이 회복되므로 질 좋은 수면에 필요합니다!

마법으로 만든 쿠키. 재료는 언제나 같지만 마코의 컨디션에 따라 맛이 변합니다.

마법을 사용할 때마다 너무 힘들어 하는 마코 때문에, 남편이 만들어준 미약.

마코입니다! 이번 상담은 뭘까요?

결혼 4년차 남편. 마법으로 고양이로 변신한 인간. 이런 게 아니라 보통 고양이.

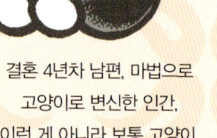

컴팩트하고 사용이 쉬운 마법의 지팡이. 마코의 최애 아이템.

이무기 양. 계란에 중독되었다가 마코의 도움을 받아 이후 친하게 차를 마시는 친구.

원단 프린트로 손쉽게 만들기!
Print Dress Craft

DOLCHU

오비츠11 등, 손바닥 사이즈의 인형옷은 작은 목둘레가 문제!
패턴이 몇 밀리만 어긋나도 큰 위기, 거기다 재봉틀로 박는 것도 걱정입니다.
그래서 종이공예 감각으로 할 수 있는 원단 프린트 기법을 새롭게 제안합니다.
직물용 본드도, 원단 프린트도 놀랄 만큼 진화해서
예전과는 달리 믿을 수 없을 만큼 퀄리티 좋은 작품을 만들 수 있어요.

메이크업 & 의상 : DOLGHU

Check!

2016년 돌리버드 홈페이지에 패턴 데이터가 게재되었습니다.
http://hobbyjapan.co.jp/dollybird23/

Dollybird Homepage

2016년 Dollybird 홈페이지에 게재되었던 점프슈트 데이터를 다운로드한 후, 잉크젯 프린터를 이용해 시판 프린트 전용 원단으로 100% 사이즈로 출력합니다.

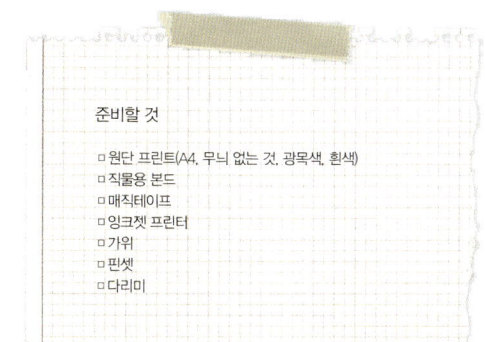

준비할 것
- 원단 프린트(A4, 무늬 없는 것, 광목색, 흰색)
- 직물용 본드
- 매직테이프
- 잉크젯 프린터
- 가위
- 핀셋
- 다리미

1장의 프린트로 A, B 2개의 점프슈트를 만들 수 있어요

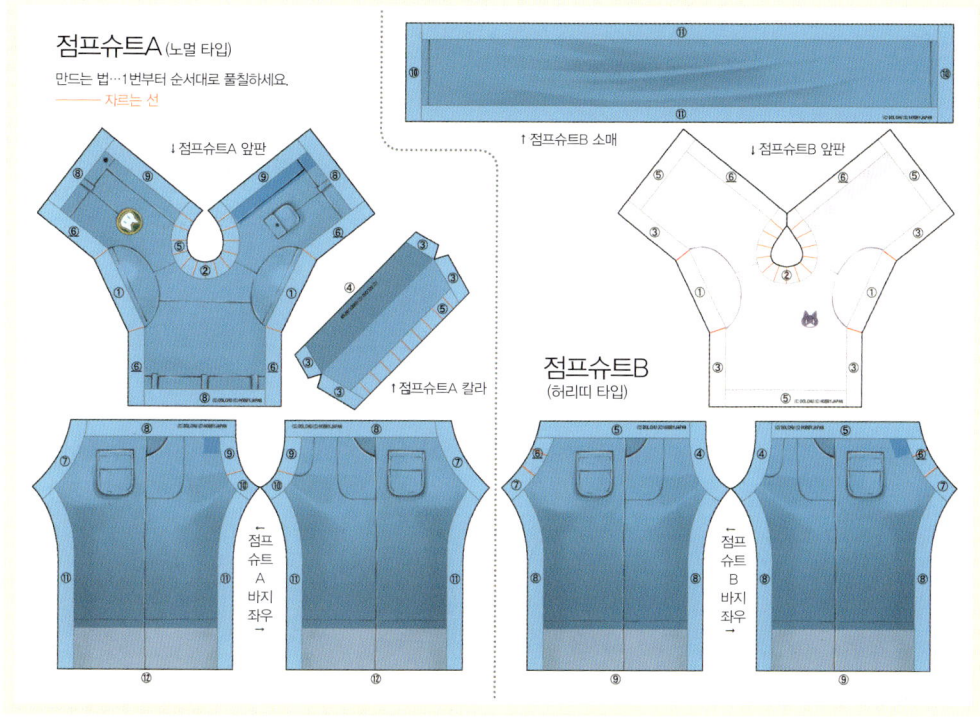

프린터에는 순정 잉크를 사용하세요!

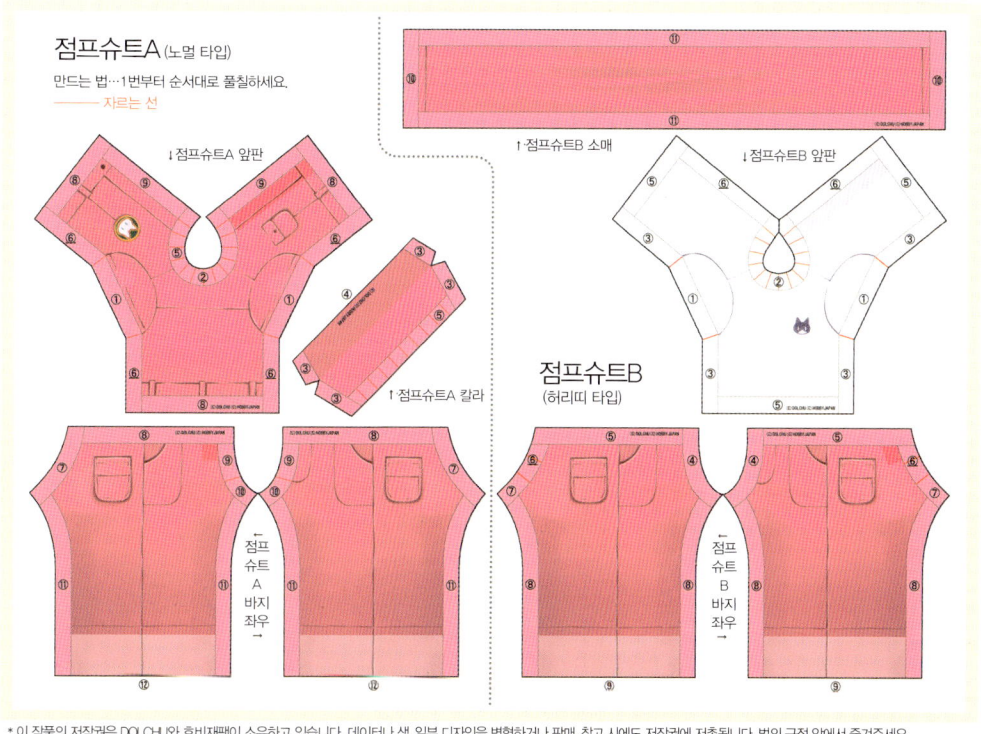

점프슈트A

굵은 선을 따라 잘라내고, 1번부터 순서대로
'접착 부분'을 붙여서 합쳐줍니다.

섬세하게 작업할 수 있는 작은 가위를
추천합니다.

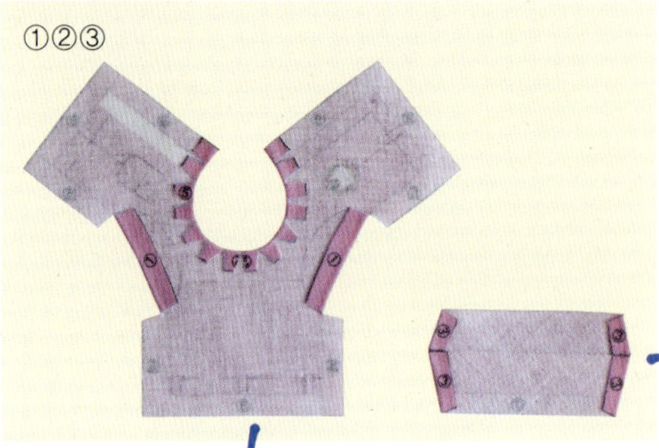

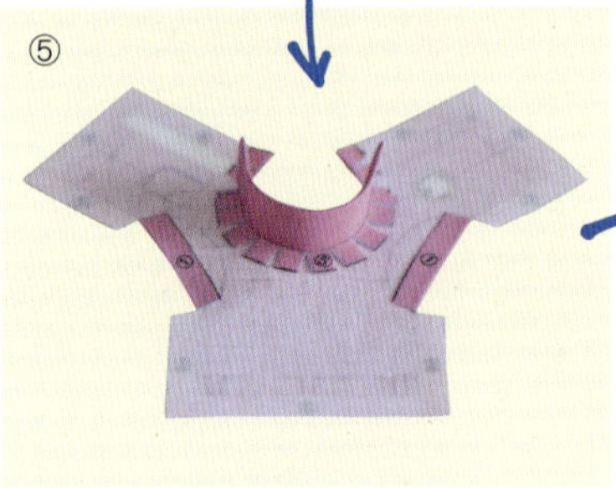

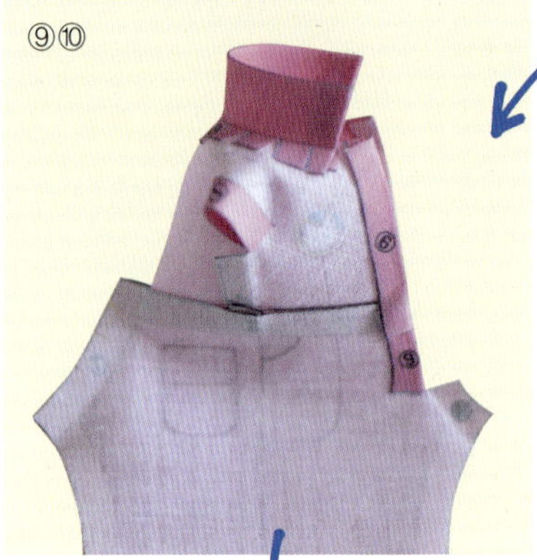

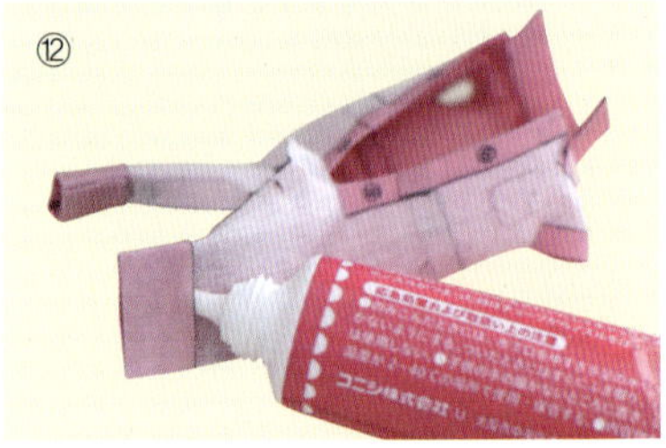

「점프슈트A (앞트임 타입)」
①소매 입구에 가위집을 넣어 안쪽으로 접고 접착제로 붙인다.
②칼라의 접착 부분에 가위집을 넣고 안쪽으로 접어 붙인다.
③칼라의 양끝을 안쪽으로 접어 붙인다.
④칼라를 반으로 접고 안쪽에 접착제를 붙여 고정한다.
⑤칼라의 접착된 부분을 피해서 가위집을 넣는다.
　몸판의 목둘레 곡선에 따라 안쪽에서 붙여준다.
⑥옆선을 겉끼리 마주대어 접착하고, 시접은 뒤쪽으로 넘긴다.
⑦바지 뒤중심을 겉끼리 마주대어 접착하고, 접착제가 마르면 곡선에 가위집을 넣는다.
⑧몸판과 바지의 허리 부분을 겉끼리 마주대어 접착한다.
　시접은 몸판 쪽으로 넘겨 접착제로 고정한다.
⑨바지 앞트임에 가위집을 넣고, 몸통의 앞트임 부분(6번)과 함께
　안쪽으로 접은 뒤 접착제로 붙인다.
⑩바지 밑위를 겉끼리 마주대어 접착한다.
⑪바지 밑아래를 겉끼리 마주대어 접착하고,
　접착제가 마르면 밑아래 곡선에 가위집을 넣는다.
⑫바지 아랫단 안감(색깔이 옅은 곳)을 안쪽으로 접고
　어긋나지 않도록 접착제로 붙인다.

마무리: 앞트임에 매직테이프를 35×5mm로 잘라서 접착제로 붙이면
(씰 타입도 반드시 접착제로 처리) 완성. 취향에 따라 바지 아랫단을 접어 올린다.

「점프슈트B (뒤트임+허리띠 타입)」
①소매 입구에 가위집을 넣어 안쪽으로 접고, 접착제로 붙인다.
②칼라 접착 부분에 가위집을 넣어 안쪽으로 접고, 접착제로 붙인다.
③옆선을 겉끼리 마주대어 붙이고, 시접은 뒤쪽으로 넘긴다.
④바지의 앞중심을 겉끼리 마주대어 붙이고, 접착제가 마르면 곡선에 가위집을 넣는다.
⑤몸판과 바지의 허리 부분을 겉끼리 마주대어 붙인 후,
　시접은 앞몸판으로 넘기고 접착제로 붙인다.
⑥바지 뒤트임에 가위집을 넣고 몸판 안단 부분(6)과 함께 안쪽으로 접은 뒤 접착한다.
⑦밑위 부분을 겉끼리 마주대어 접착한다.
⑧밑아래를 겉끼리 마주대어 접착하고, 접착제가 마르면
　밑아래 곡선 부분에 가위집을 넣는다.
⑨바지 아랫단의 안감(색깔이 옅은 곳)을 안쪽으로 접고,
　어긋나지 않도록 접착제로 붙인다. 마르면 반으로 접는다.
⑩허리띠 파츠의 양옆 시접을 안쪽으로 접고 풀칠한다.
⑪접착 부분을 안쪽으로 접어 다림질해서 원통형이 되도록 접착제로 붙여준다.

마무리: 뒤트임에 매직테이프를 40×5mm로 잘라서 접착제로 붙이고
(씰 타입도 반드시 접착제로 처리), ⑪을 허리에 두르면 완성.

점프슈트B (①~⑨는 A를 참고하세요)

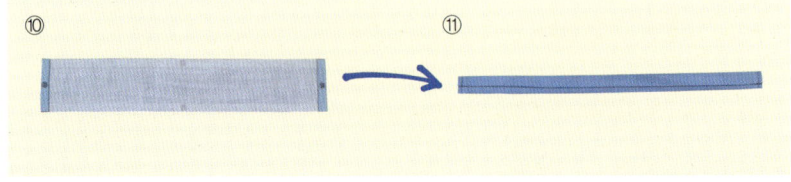

66

Mary, Mary, quite contrary,
How does your garden grow?
With silver bells and cockleshells
And pretty maids all in a row.

탑

material 〈가로×세로〉
- 목면…20×25cm
- 튤 망사…10×10cm
- 티롤리안 테이프…1cm 폭×12cm
- 스냅 단추…2개

How to make 탑
① 앞뒤 몸판의 어깨를 겉끼리 마주대어 재봉하고 가름솔한다.
② 목둘레에 튤 망사를 올려 목둘레의 완성선을 재봉하고,
   여분의 튤 망사는 잘라낸다. 시접에 가위집을 넣고 튤 망사를 안쪽으로 넘겨
   정돈하고 가장자리에 상침한다.
③ 소매 입구 시접을 겉으로 접고, 티롤리안 테이프를 얹어 상침으로 고정한다.
   소매와 몸판을 재봉해 합치고, 시접은 몸판 쪽으로 넘겨 상침한다.
④ 소매 아래~옆선을 겉끼리 마주대어 재봉하고 가름솔한다.
⑤ 아랫단과 뒤트임의 시접을 안쪽으로 접은 뒤,
   뒤트임~아랫단~뒤트임을 단에서 2mm 위치에 상침한다.
⑥ 뒤트임에 스냅단추를 달아준다.

캐미솔풍 에이프런 드레스

material 〈가로×세로〉
- 오간자(오건디)…22×10cm
- 레이스(위)…2cm 너비×15cm
- 레이스(아랫단)…2.5cm 너비×22cm
- 레이스(어깨)…0.6cm 너비×17cm
- 스냅단추…1세트
- 접착심지…1cm 너비×35cm

How to make 캐미솔풍 에이프런 드레스
① 몸판 시접(a)과 뒤중심 시접에 다림질로 접착심지(1cm 너비)를 붙인다.
② 몸판 아랫단과 레이스를 겉끼리 마주대어 재봉한다.
   시접은 몸판 쪽으로 넘겨 상침하고 다림질한다.
③ 몸판 시접(a)에 주름을 잡고, 레이스와 몸판을 겉끼리 마주대어 재봉한다.
   레이스를 겉으로 뒤집어 시접과 함께 상침한다.
④ 스트랩 고정 위치에 스트랩을 재봉한다.
⑤ 뒤중심을 트임 끝 위치까지 재봉한다. 시접은 가름솔하고 상침한다.
⑥ 스냅단추를 달아준다.

목도리

material 〈가로×세로〉
- 퍼 원단…14×5cm
- 리본…0.6cm 너비×32cm

How to make 목도리
① 퍼 원단을 패턴에 맞춰 재단해서 가장자리에
   올풀림 방지액을 바른다.
   원하는 볼륨이 되도록 털을 다듬는다.
② 안쪽에 리본을 달아준다.

삭스

material 〈가로×세로〉
- 니트 원단…16×12cm

How to make 삭스
① 삭스 입구의 시접을 안쪽으로 접고,
   단에서 3mm 위치에 상침한다.
② 삭스를 겉끼리 마주대어 뒤중심을 재봉하고
   겉으로 뒤집는다.

스커트

material 〈가로×세로〉
- 목면A(위)…23×10cm
- 목면B(아래)…17×15cm
- 목면C(앞)…15×6cm
- 벨트…14×4cm
- 블레이드…1cm 너비×30cm
- 스냅단추…1세트

How to make 스커트
① A에 주름 잡은 B를 재봉해 붙인다. 시접은 위로 넘겨 상침한다.
② ①을 C의 양쪽 옆선에 재봉한다. 시접은 바깥쪽으로 접고 상침한다.
   좋아하는 블레이드나 레이스를 달아준다.
③ 허리 부분에 주름을 잡고, 벨트와 겉끼리 마주대어 한쪽 단을 재봉한다.
   벨트 시접으로 허리를 감싸듯이 접어 상침한다.
④ 뒤중심을 트임 끝 위치까지 재봉하고 가름솔한다. 트임 시접에 상침한다.
⑤ 아랫단을 완성선에 맞춰 안쪽으로 접은 후 상침한다.
⑥ 허리벨트에 스냅단추를 달아준다.

퍼프소매 질레트

material 〈가로×세로〉
- 목면A(몸판)…10×15cm
- 목면B(스커트 위)…22×13cm
- 목면C(스커트 아래)…28×7cm
- 목면(소매 겉감)…10×12cm
- 목면(소매 안감)…10×12cm
- 튤 망사…10×10cm
- 폼폼 블레이드…0.6cm 너비×32cm

How to make 퍼프소매 질레트
① 앞 몸판의 다트를 재봉한다.
② 앞뒤 몸판의 어깨를 겉끼리 마주대어 재봉하고 가름솔한다.
③ 목둘레 겉쪽에 튤 망사를 올려 목둘레 완성선을 재봉하고, 여분의 망사는 잘라낸다.
   시접에 가위집을 넣고 망사를 안쪽으로 접은 후 목둘레에 상침한다.
④ 소매 겉감에 주름을 잡고, 안감과 겉끼리 마주대어 소매 입구를 재봉한다.
⑤ 소매를 겉으로 뒤집어, 겉감과 안감의 어깨 쪽을 모아 몸판에 재봉해 붙인다.
   시접은 몸판 쪽으로 넘기고 상침한다.
⑥ 몸판 옆선을 겉끼리 마주대어 재봉하고 가름솔한다.
   시접 아래에 주름을 잡아 스커트 위와 연결한다. 이를 다시 몸판에 재봉한다.
   시접은 위로 접고 상침한다.
⑧ 앞트임 시접을 접어 블레이드를 올리고, 앞트임~아랫단~앞트임을 재봉해 상침한다.

NIA & HAINE

hello!

I'm nia.

I'm haine.

WIG
5INCH (머리둘레 13cm)

3SIZE
BUST 5.7cm
WAIST 6.0cm
HIP 8.2cm

TALL
약 16.5cm
(귀 포함)

FOOT
길이 2.5cm × 폭 2cm

* 발 임부분이 커서 부츠나 짧은 스트랩 슈즈는 NG, 캔버의 32mm 신발과 Lati Yellow용 신발 임부를 착용할 수 있습니다.

▼ 손목, 꼬리, 고양이 귀는 가발과 옷을 착용하더라도 강력한 자석으로 부착됩니다

▶ 기본 세트에는 KJ 마크의 목걸이 참이 포함될 예정입니다

▼ 눈은 수제 레진 안구 사용. 메이크업도 한 점씩 손으로 칠해서 완성합니다

▲ 고양이 귀의 안쪽, 손바닥 젤리, 발톱은 연한 핑크색으로 채색되어 있습니다

▶ 보디의 원형은 석고 점토와 폴리 퍼티로 제작, 약 1년간 시행착오를 거친 후 데뷔했습니다

http://kinokojuice.com

키키의 친구 인형으로 만들어진 '니아'와 '하이네'는 키키보다 조금 작고 동물(고양이)이 모티브입니다. 소재는 레진 캐스트로 고양이, 꼬리, 손목은 자석으로 되어 있습니다. 키키처럼 말단이 큰 디폴트 체형이라 손목, 발목으로 갈수록 굵은 실루엣이 특징입니다.

호에쿠치의 '니아', 무뉴쿠치의 '하이네'는 각각 다양한 바디 컬러로 제작될 예정입니다. 옆은 색조의 눈동자는 투명 레진으로 손수 만든 것으로, 이 역시 다양한 색깔이 등장할 예정. 또 14mm의 다른 인형 안구도 즐길 수 있는 것이 포인트입니다. 키키와 마찬가지로 키노코 주스 씨의 수작업으로 만들어지므로 한 달에 몇 체밖에 생산할 수 없어, 향후 정기적인 메일로 추첨 판매를 할 듯합니다. 지금 소개한 모델은 3월부터 옥션에 출품할 예정. 4월 29일 열리는 '명품시' 행사에서도 판매 예정! 자세한 내용은 키노코 주스 사이트에서.

Dolly Pattern Workshop IX

플리츠 스커트를 만들어 봅시다

•

아라키 사와코

Dolly Pattern Workshop IX

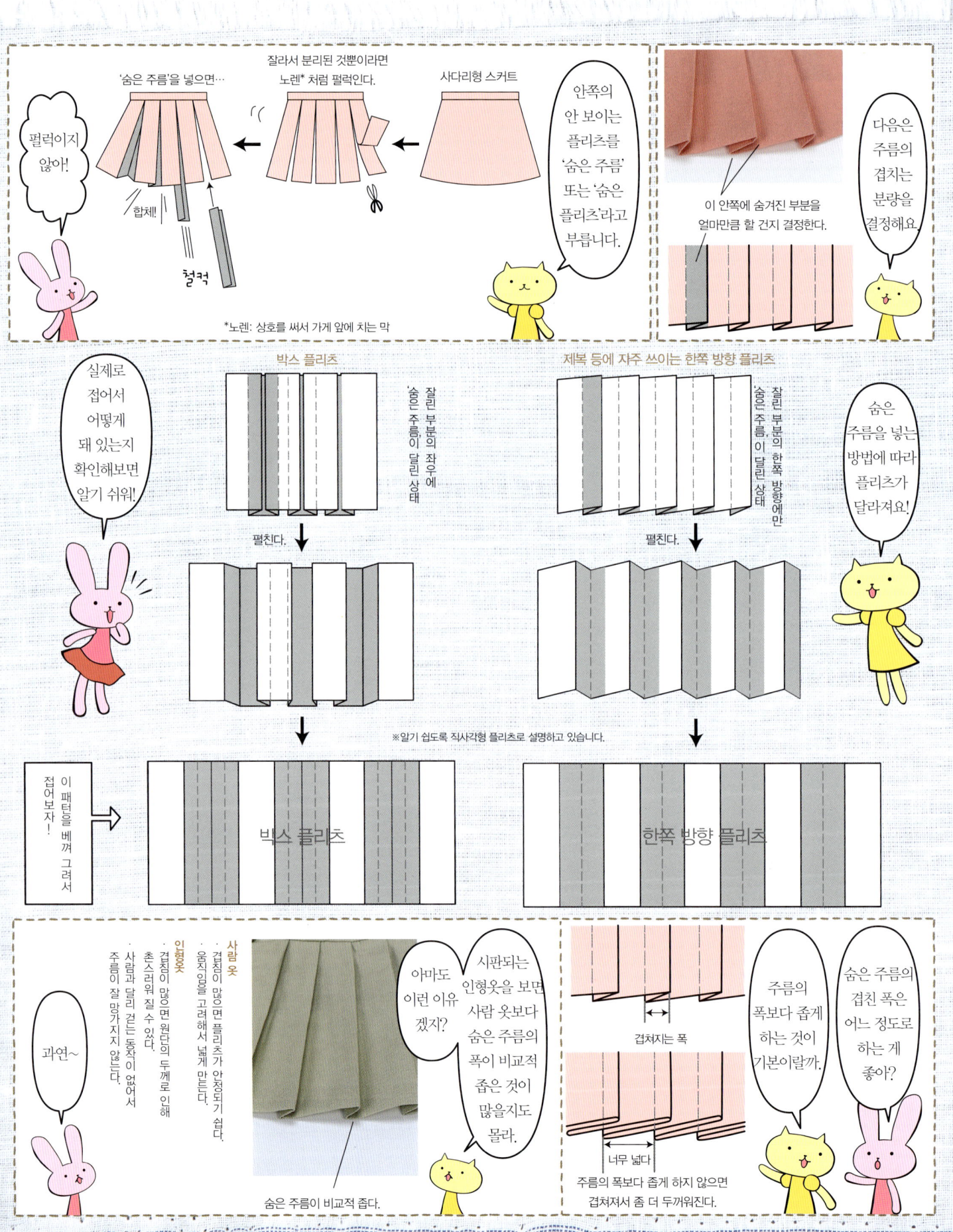

Dolly Pattern Workshop IX

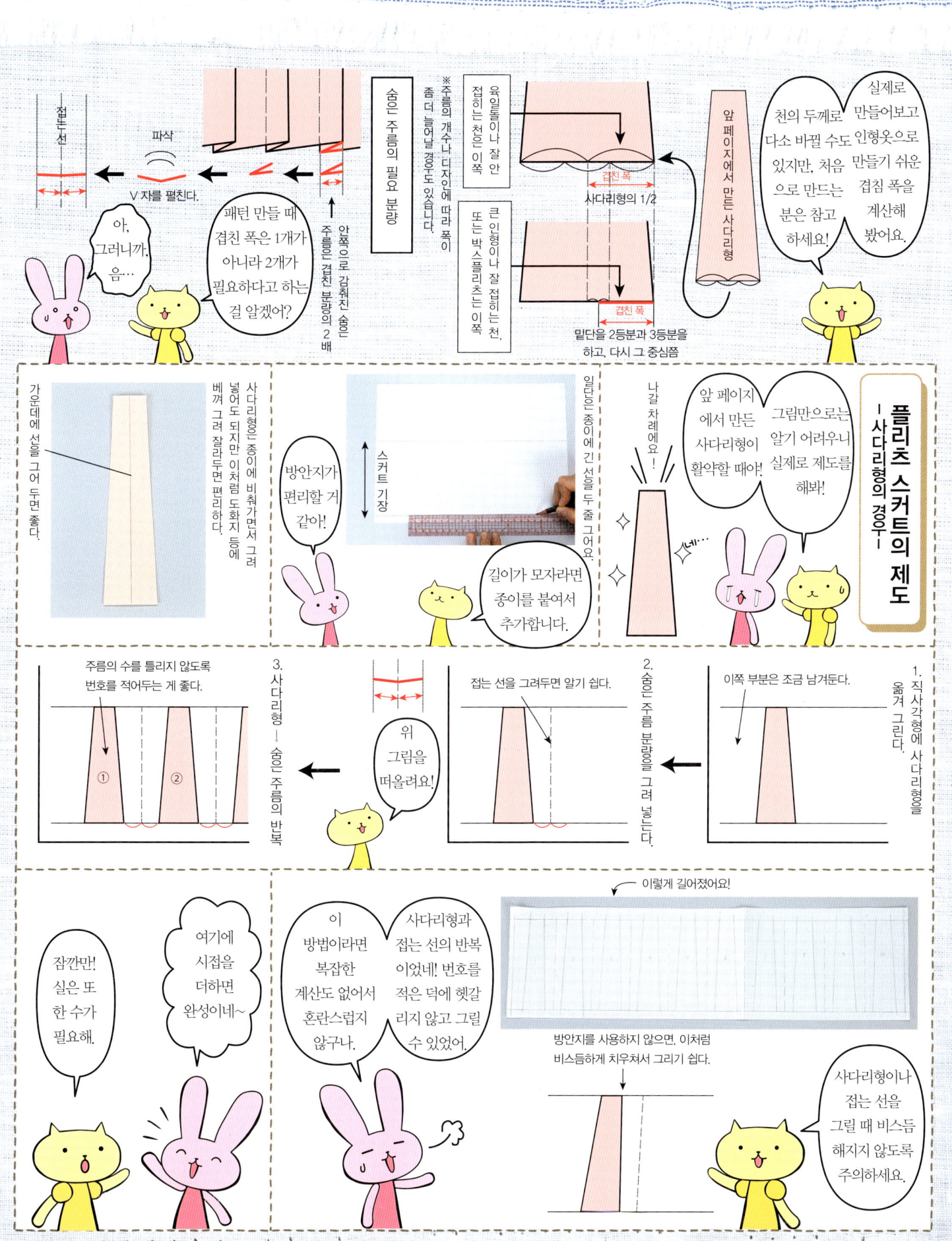

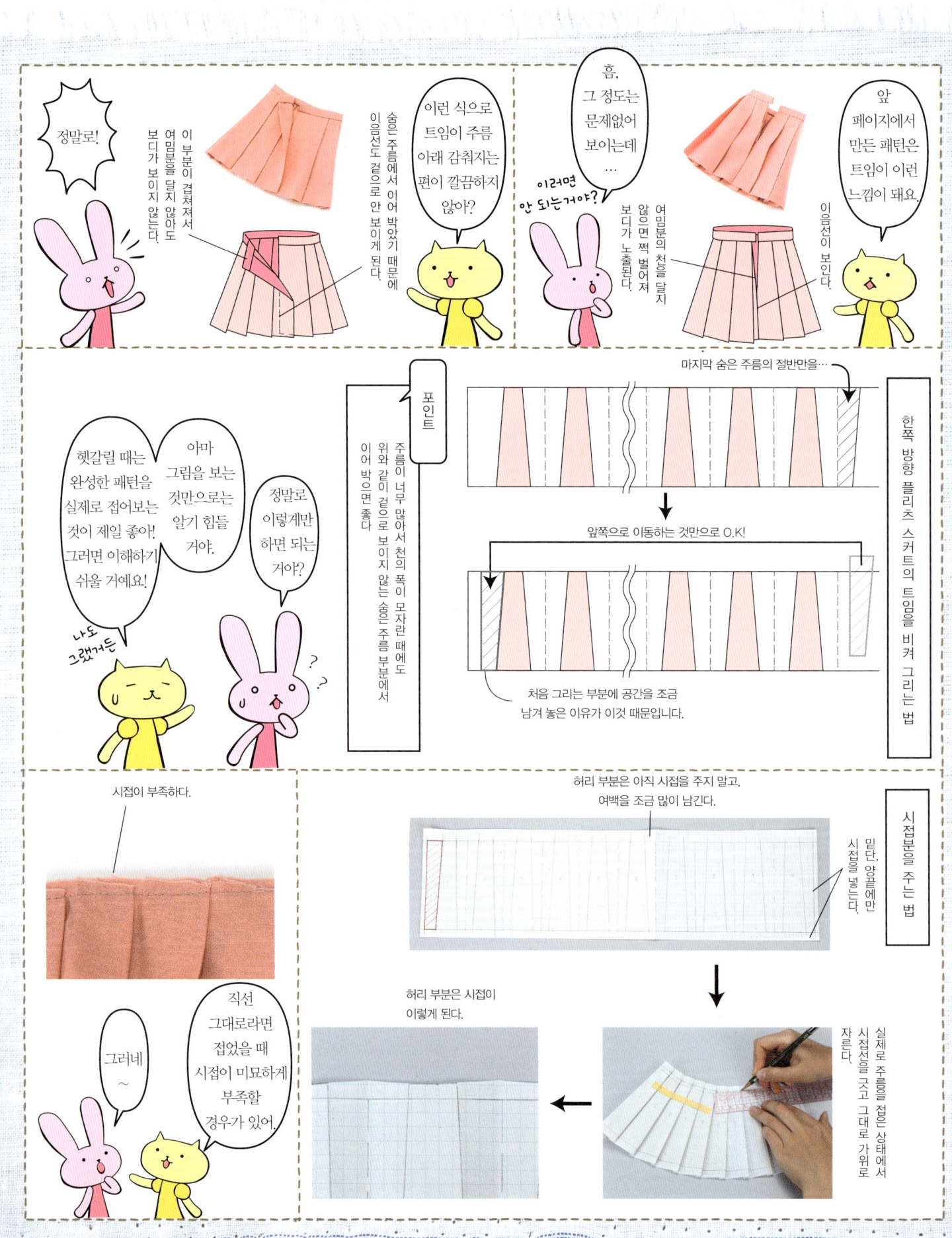

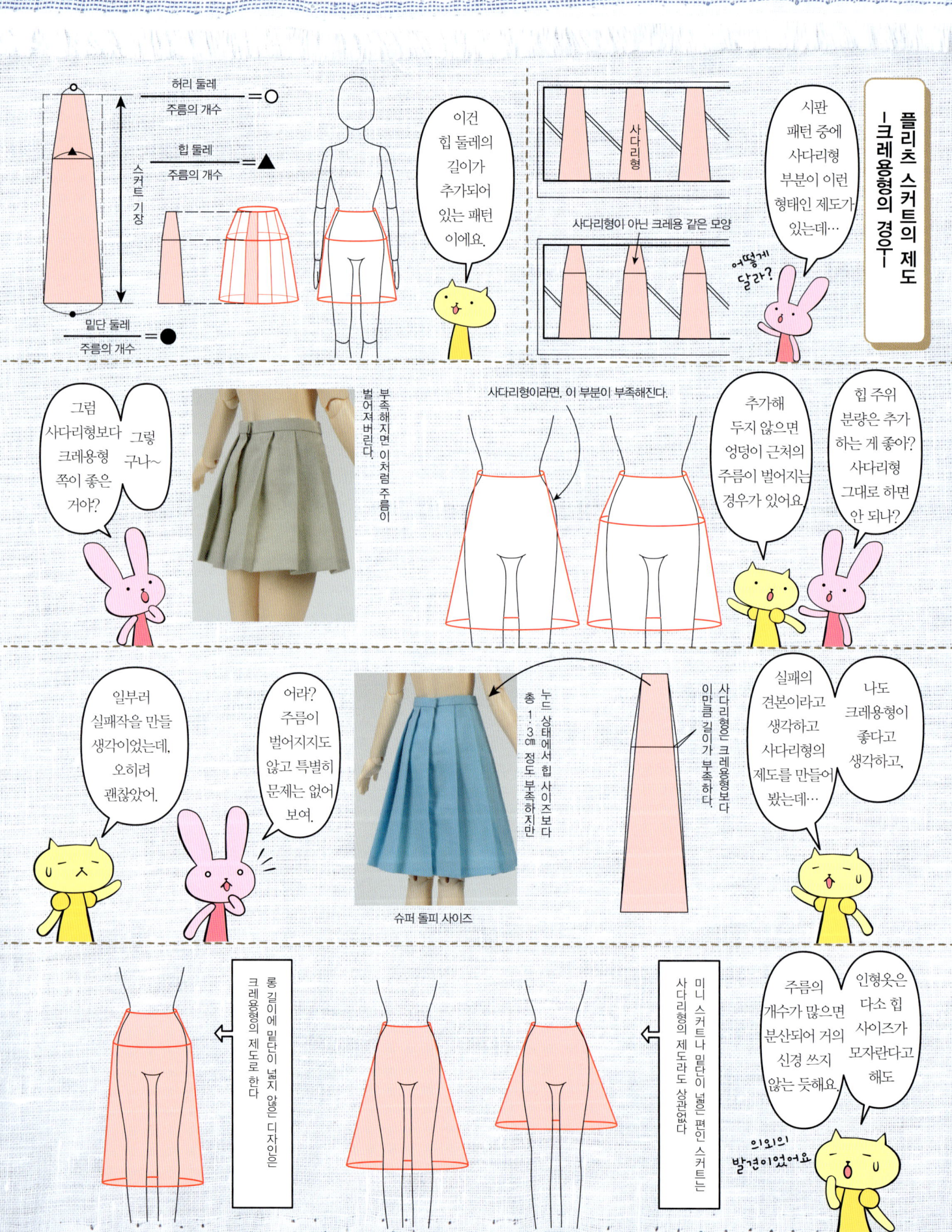

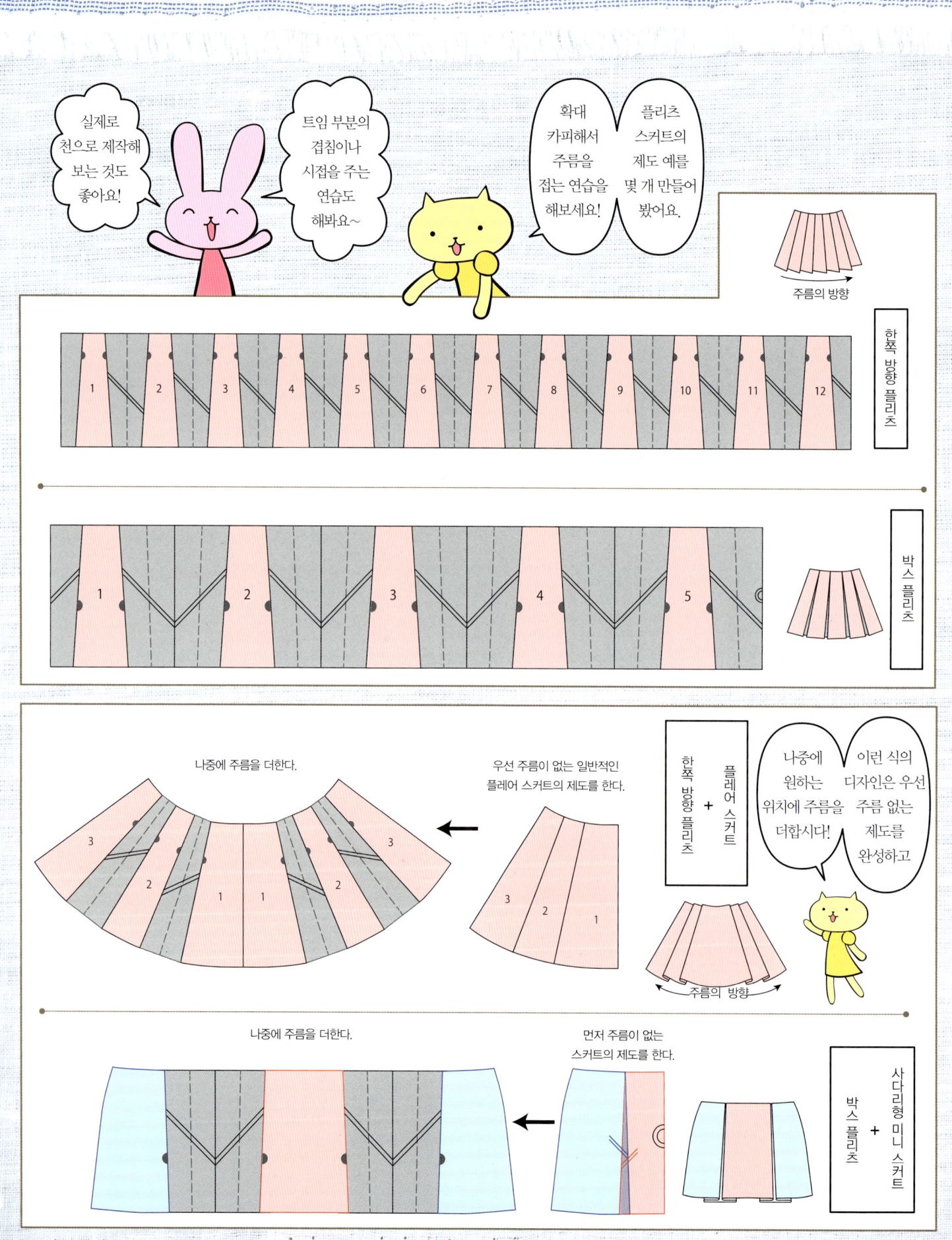

Dolly Pattern Workshop IX

원피스 부분의 패턴은 SD 사이즈만 게재합니다. SDM 사이즈는 패턴을 78%로 축소해서 사용하세요. SD 사이즈의 칼라는 세일러 칼라, 셔츠 칼라, 스탠드 칼라+타이의 3가지 패턴을 수록하고 있으니 취향에 따라 선택하세요.

※수퍼 돌피에 대해서는 전국의 보크스 점포 또는 웹 사이트에!

주식회사 보크스
본사: 교토부 교토시 시모쿄구 시치죠 고쇼노우치 나카마치 60
TEL: 075-325-1171
http://www.volks.co.jp

제복
for SD 여자아이 / SD 미디 여자아이
(SD 미디 사이즈는 소매, 커프스 이외 패턴을 78%로 축소 사용해주세요.)

material 〈가로×세로〉
〈원피스〉 SD 사이즈
- 얇은 모직, 면 60수,
  면 트윌(두껍지 않은 것) 등…90×50cm
- 면 트윌(커프스 부분)…25×12cm
- 면 60수 등의 얇은 원단(안단 부분)…20×20cm
- 접착심지…20×20cm
- 스냅단추…3세트

How to make 〈원피스〉
① 앞뒤 몸판의 다트를 재봉한다.
② 앞뒤 몸판을 겉끼리 마주대어 어깨를 재봉한다.
③ 소매 입구에 커프스를 달고, 소매산에 주름을 잡아 몸판에 재봉한다.
④ 커프스~소매~몸판의 옆선을 겉끼리 마주대어 재봉한다.
⑤ 안단에 접착심을 붙인다. 안단의 뒤중심을 재봉하고,
   몸판에 재봉한 후 겉으로 뒤집는다. (아래쪽 0.5cm는 재봉하지 않는다.)
⑥ 치마 아랫단을 다림질로 접고 공그르기한 후, 패턴대로 플리츠를 접는다.
   앞단의 아랫단도 공그르기한다.
⑦ 치마를 몸판에 붙이고 시접은 위로 넘긴다.
⑧ 몸판의 안단 허리 부분을 안쪽으로 접어 공그르기한다.
⑨ 스냅단추를 달아주면 완성.

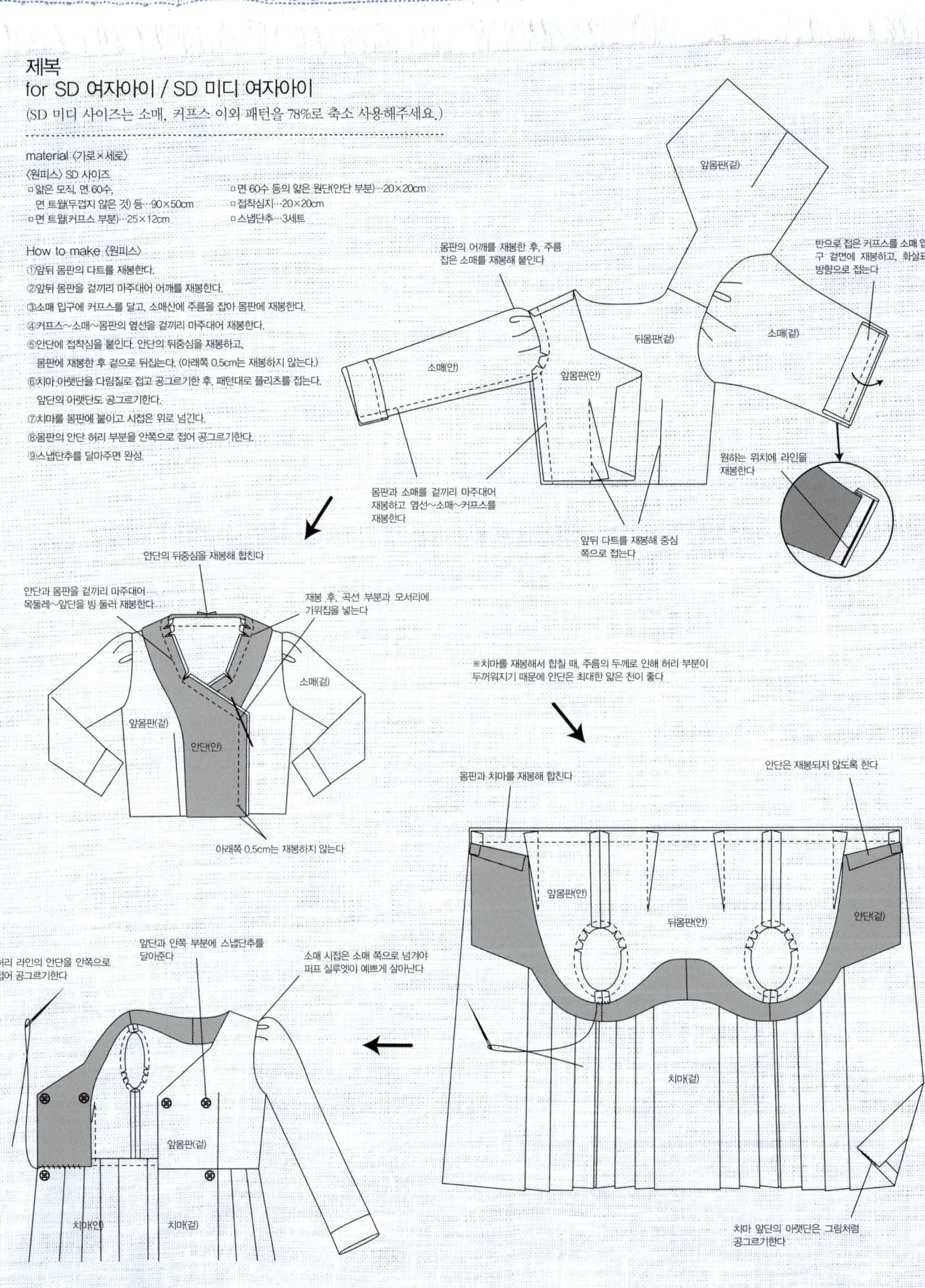

Dolly Pattern Workshop IX

material 〈가로×세로〉

〈분리형 / 세일러 칼라〉
- 면 트윌(두껍지 않은 것)…60×20cm
- 스냅단추…2세트

How to make 〈분리형 세일러 칼라〉
1. 세일러 칼라의 목둘레 이외 부분을 재봉해 겉으로 뒤집는다.
2. 몸판 어깨와 안단 부분의 뒤중심을 재봉한다. 몸판 가장자리는 다림질로 0.5cm 접어둔다.
3. 몸판과 안단 사이에 세일러 칼라를 끼우고 목둘레를 재봉한다.
4. 겉으로 뒤집어 목둘레~몸판 가장자리에 상침한다.
5. 스냅단추를 달아주면 완성.

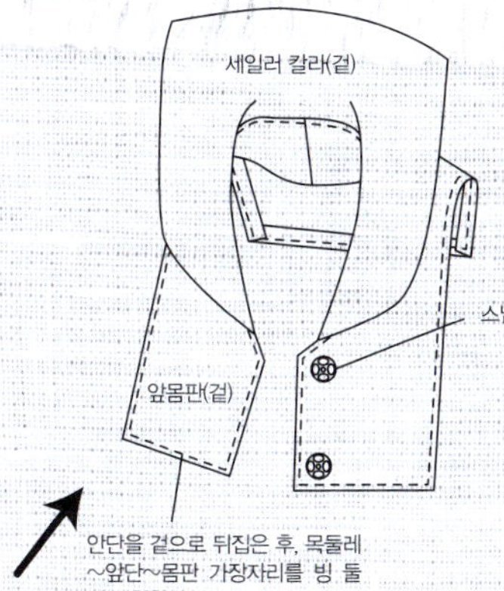

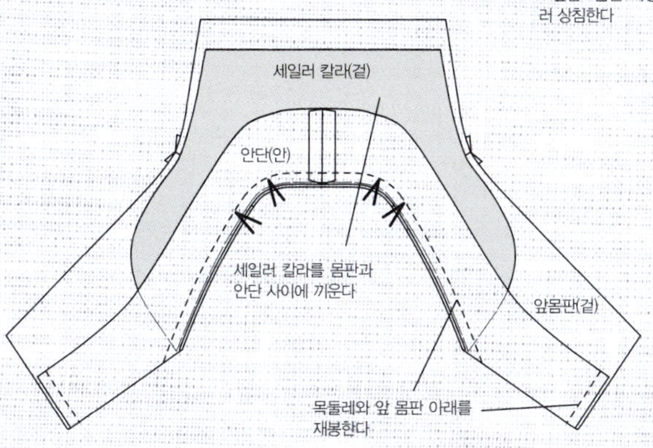

material 〈가로×세로〉

〈분리형 / 셔츠 칼라, 스탠드 칼라&타이〉
- 아사면 60수 또는 얇은 면 원단…80×15cm
- 스냅단추…2세트
- 아사면 60수 또는 얇은 면 원단(타이 부분)…12×8cm
- 장식 파츠(타이 부분)…1개

How to make 〈셔츠 칼라, 스탠드 칼라&타이〉
1. 셔츠 칼라와 스탠드 칼라 각각 목둘레 이외 부분을 재봉해 겉으로 뒤집는다.
2. 앞뒤 몸판의 어깨를 재봉해 합친다.
3. 셔츠 칼라 또는 스탠드 칼라를 앞뒤 몸판 목둘레 사이에 끼워 재봉한다. (창구멍은 남긴다.)
4. 겉으로 뒤집어 트임을 재봉하고, 스냅단추를 단다.
5. 타이 가장자리를 창구멍을 남기고 재봉해 겉으로 뒤집는다.
6. 턱 주름을 잡고 파츠 장식을 달아준 후, 칼라에 재봉해 붙인다.

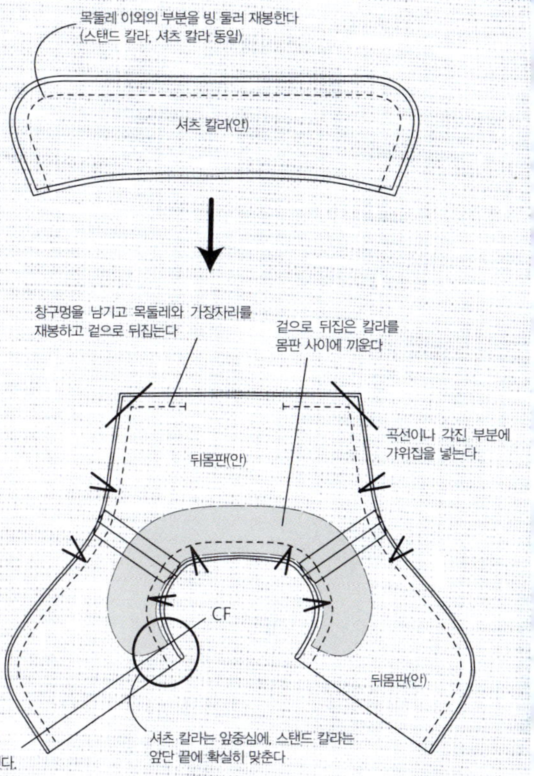

Super Dollfie Models

Super Dollfie Girl

Super Dollfie Midi Girl

의상 모델은 보크스의 구체 관절 인형 '슈퍼 돌피(SD)'입니다. 전체 높이 약 58cm의 「SD-F-60(코코 타입)」과 약 43cm로 조금 작은 「SDM-F-43(마코/다이 타입)」. 둘 다 풀 초이스 시스템에 스탠다드 모델로 언제든 구입이 가능한 얼굴 타입입니다. SD는 다양한 크기와 성별 보디가 있는 스탠다드 모델 외에 한정 모델이나 one-off 모델, 헤드부터 메이크업과 안구, 가발을 주문할 수 있는 초이스 시스템 등이 있습니다. 이상적인 SD를 위한 다양한 접근 방법이 있는 것이 기쁘네요. 물론 데려온 후에 커스텀하는 것도 자유. SD를 데려오면 꼭 자신만의 옷 만들기에 도전해보세요.

※슈퍼 돌피에 대해서는 전국의 보크스 매장 또는 웹사이트에서.
※SDM-F-43(마코/다이 타입)은 2016년 2월 현재 천사의 마을 SD 풀 초이스 시스템 한정 헤드 부품입니다.

SD-F-60 (코코 타입)
- WIG: (W-142D-M33/12(샤기 스트레이트·리치브라운) HG 글래스아이
- EYE: Bottle Green with Black line 18mm
- BODY: SD 여자아이(SD-A-03: 2중 팔꿈치 관절)

SD-F-43 (마코/다이 타입)
- WIG: W-146N-16T(샤기 스트레이트·크림) HG 글래스아이
- EYE: Green 16mm
- BODY: SDM 여자아이

Information

주식회사 보크스
본사: 교토부 교토시 시모쿄구 시치죠 고쇼노우치 나카마치 60
TEL: 075-325-1171
http://www.volks.co.jp

동화의 나라의 Dollfie Dream

동화를 모티브로 한 예쁜 옷을 만들어요.
이번에는 '장화 신은 고양이'와 '헨델과 그레텔'
DD · DDS를 위한 보이시한 실루엣의
S/SS 가슴용 블라우스와 바지, 그리고
직접 만드는 초간단 고양이 귀와 꼬리를
소개합니다.

아웃핏 : 빨간 카메라
메이크업 : DOLCHU

모델: DDS(SS 가슴)「DDH-09」
가발: W-141D (초코 퍼플)

모델: DDS(S 가슴) 「DDH-06」
가발: W-123D (시나몬 골드)
모델: DDS(SS 가슴) 「DDH-06」
가발: W-141D (시나몬 골드)

블라우스

material 〈가로×세로〉
- 얇은 면 원단…62×25cm
- 칼라와 커프스용 레이스…0.6cm 너비×35cm
- 다림질 테이프…1.2cm 너비×9.5cm
- 스냅단추…2세트

※여기서 소개하는 블라우스(S/SS 가슴용) 칼라와 소매는 22호의 「언더원피스(M 가슴용)」와 같습니다. 각각 조합해서 이용할 수 있습니다.

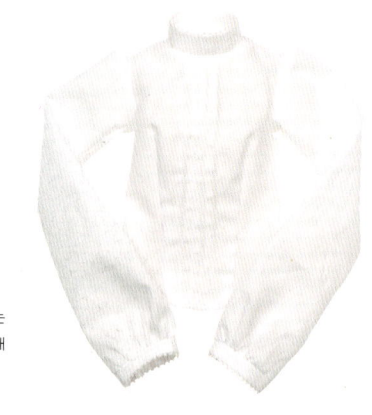

1. 패턴에 맞춰 원단을 재단하고 가장자리를 올풀림 방지액으로 처리한다. 앞판의 핀턱 만드는 법은 22호 참조.

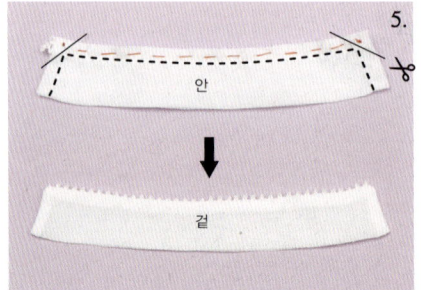

5. 칼라를 겉끼리 마주대고 윗단에 레이스를 끼워(레이스 방향에 주의) 완성선을 재봉한다. 시접 모서리를 자르고 겉으로 뒤집어 다림질한다.

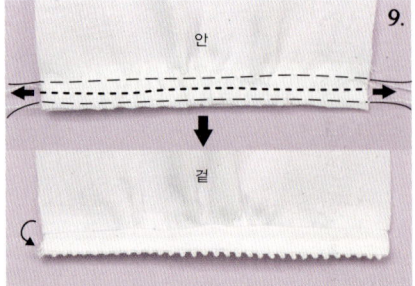

9. 커프스도 칼라처럼 레이스를 끼워 재봉해 둔다. 소매 입구에 주름을 잡고, 겉쪽에 커프스를 올려 시접 쪽을 펼쳐서 재봉한다. 커프스를 겉으로 뒤집어서 다림질한다. 시접은 위로 넘긴다.

2. 앞판 다트를 겉끼리 마주대어 재봉한다.

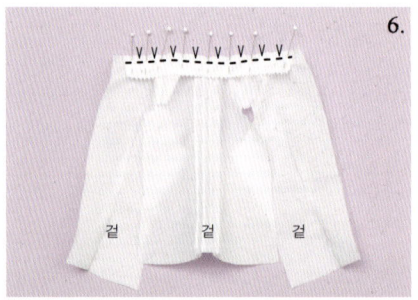

6. 목둘레 시접에 가위집을 넣는다. 몸판 겉면에 칼라를 겹쳐서 재봉하고, 칼라를 겉으로 뒤집은 후 시접을 아래로 넘겨 다림질한다.

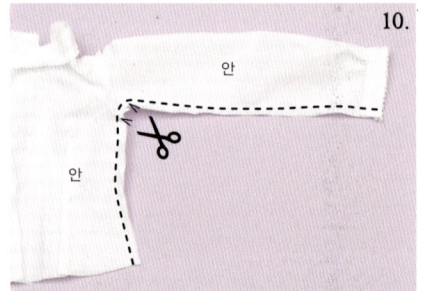

10. 옆선을 겉끼리 마주대어 재봉한다. 소매 입구→소매 아래, 몸판 아랫단→옆선으로 나눠서 재봉하는 것이 깔끔하게 마무리하는 포인트. 겨드랑이 시접에 가위집을 넣고 가름솔한다.

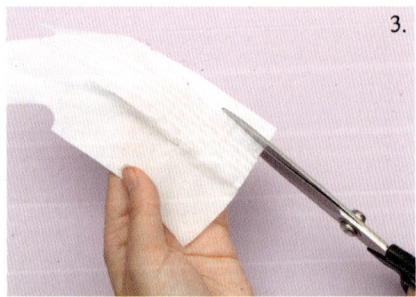

3. 다트의 시접을 5mm 남기고 자르고, 가장자리에 올풀림 방지액을 바른다. 시접은 안쪽으로 넘기고 다리미질한다. 뒤판 다트도 같은 방법으로 처리한다.

7. 소매산의 재봉 위치 위아래에 3mm의 주름용 재봉을 하고, 진동둘레 폭에 맞춰 실을 당겨 주름을 잡는다.

11. 다림질 테이프를 6mm 너비로 잘라서, 뒤트임 좌우 시접에 붙여준다.

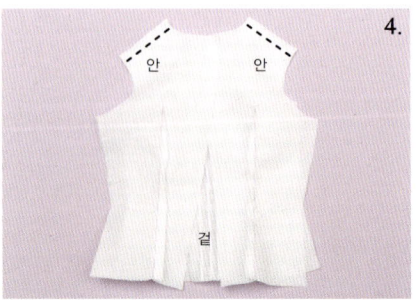

4. 앞뒤 몸판을 겉끼리 마주대어 어깨를 재봉해 합친다.

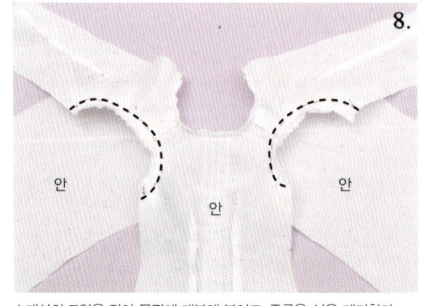

8. 소매산의 모양을 잡아 몸판에 재봉해 붙이고, 주름용 실은 제거한다.

12. 뒤트임과 아랫단의 완성선을 접고 상침한다. 스냅단추를 달아주면 완성.

에이프런 스커트

material 〈가로×세로〉

- 면 트윌…62×27cm
- 꼬불이 레이스…0.7cm 너비×58cm
- 자카드 리본 테이프…1cm 너비×58cm
- 토숀 레이스…1cm 너비×58cm
- 에이프런용 얇은 면 평직…17×17cm
- 에이프런용 자카드 리본 테이프…0.8cm 너비×17cm
- 에이프런용 리본…1.5cm 너비×17cm
- 스냅단추…1세트

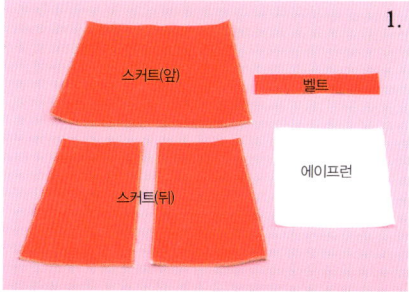

1\. 스커트와 에이프런을 패턴에 맞게 재단하고, 오버로크 재봉이나 올풀림 방지액 처리를 해둔다.

5\. 에이프런 아랫단 시접을 안쪽으로 접어 올려 다림질한 후, 겉쪽에 토션 레이스를 올려 재봉한다.

9\. 허리벨트는 뒤트임을 접은 쪽만 시접을 5mm 두고, 스커트와 허리벨트를 겉끼리 마주대어 재봉한다. 주름용 실은 제거한다.

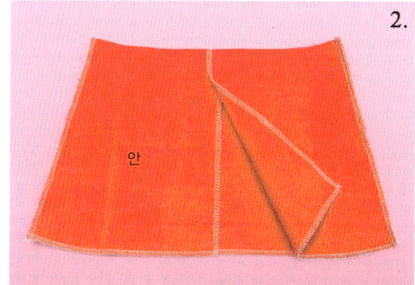

2\. 앞스커트와 뒤스커트의 옆선을 재봉해 합치고, 다림질로 시접을 가른다.

6\. 에이프런의 자카드 리본테이프나 리본을 올려 재봉하고, 에이프런 좌우 시접을 안쪽으로 접어 상침한다.

10\. 스커트 시접을 감싸듯 허리벨트 시접을 안쪽으로 접고 다림질한다. 뒤트임을 접어놓은 곳의 시접도 안쪽으로 접는다.

3\. 아랫단 시접을 안쪽으로 접어 올려 다림질한 후, 안쪽에 프릴 레이스를 시침질한다. 이렇게 하면 아랫단 처리와 레이스 부착을 한 번의 재봉으로 할 수 있다.

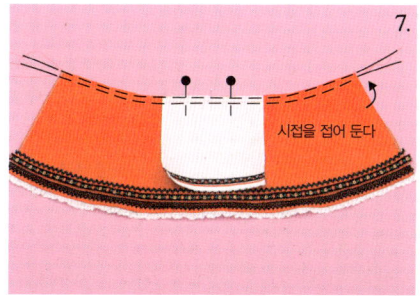

7\. 스커트와 에이프런의 맞춤점을 시침핀으로 표시한다. 뒤트임의 한쪽 시접을 안쪽으로 접어두고, 허리 시접 위치의 위아래에 3mm의 주름용 재봉을 한다.

11\. 허리벨트를 완성선에 맞춰 접고, 아래쪽에 상침한다. 뒤트임을 트임 끝 위치까지 안쪽으로 접어 재봉한다.

4\. 스커트에 장식 테이프를 재봉한다. 그림에서는 위부터 꼬불이 레이스 테이프, 자카드 리본 테이프, 토숀 레이스를 사용. 곡선 부분이 걱정이라면 미리 시침질해 두는 것이 좋다.

8\. 허리벨트의 길이에 맞춰 실을 잡아당겨 주름을 잡는다.

12\. 뒤중심을 재봉하고, 다림질로 시접을 가른다. 스냅단추를 달아주면 완성.

주아브 팬츠

material 〈가로×세로〉

〈헨델〉
- 면 스판 코듀로이…50×35cm
- 면 평직…2×5cm
- 스냅단추…1세트
- 비즈…7개

〈장화 신은 고양이〉
- 얇은 울 생지…50×25cm
- 면 평직…2×5cm
- 스냅단추…1세트

1. 패턴대로 재단하고 올풀림 방지액 처리를 해준다. 앞바지, 뒤바지 등 혼동이 될 만한 것은 초크펜으로 표시해 둔다.

5. 덧단을 겉이 밖으로 나오게 반으로 접고, 앞트임에 올려 재봉한다. 반대쪽 트임은 안단을 겉끼리 마주 닿도록 놓고 재봉한다.

9. 바지 아랫단에 3mm의 주름용 재봉을 한다. 실을 당겨 주름을 잡아 아랫단 파츠의 길이에 맞춘다.

2. 좌우의 앞바지와 뒤바지를 겉끼리 마주대어, 옆선을 재봉해 합친다. 시접은 가른다.

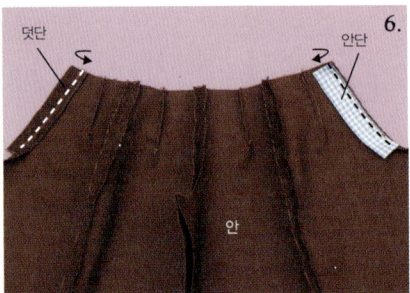

6. 덧단을 완성선대로 접고 상침한다. 안단은 겉에서 보이지 않도록 접고 상침한다.

10. 아랫단 파츠를 겉이 밖으로 나오게 반으로 접어, 바지 아랫단에 놓고 완성선 위치에 재봉한다. 시접은 위로 넘기고 다림질한다.

3. 2번을 겉끼리 마주대어 뒤쪽 밑위를 재봉해 합친다. 시접의 곡선 부분에 가위집을 넣고, 다림질로 시접을 가른다.

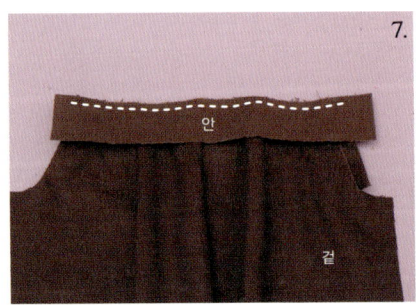

7. 바지와 벨트를 겉끼리 마주대어 재봉해 합친다.

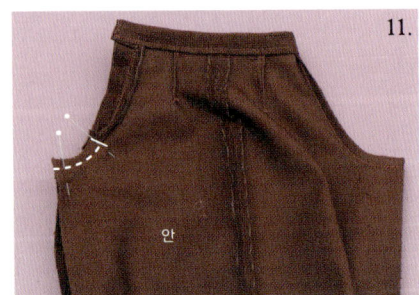

11. 앞쪽 밑위를 트임 끝 위치까지 재봉한다. 시접의 곡선 부분에 가위집을 넣고 다림질로 시접을 가른다. 조금 불안하면 끝 위치에 상침을 한다.

4. 다트를 재봉한다.

8. 벨트의 좌우 끝을 안쪽으로 접어 넣고, 허리 시접을 감싸듯이 완성선에 맞춰 접어주고 상침한다.

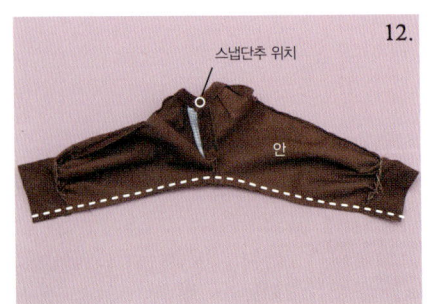

12. 밑아래를 재봉하고, 스냅단추를 달아주면 완성.

조끼

material 〈가로×세로〉

□ 벨벳…30×16cm
□ 면 평직…30×16cm
□ 레이스 끈…0.3cm 너비×90cm
□ 자수실…취향대로

1. 겉감과 안감 각각 패턴에 맞춰 재단한다.

2. 겉감의 앞뒤 몸판을 겉끼리 마주대고 옆선을 재봉해 합친다. 안감도 같은 방법으로 합친다.

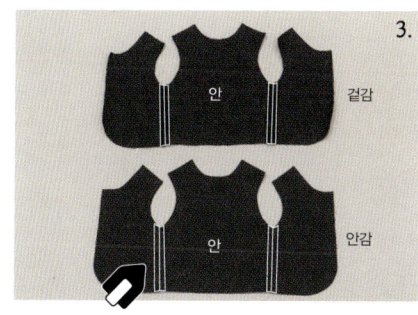

3. 시접을 가르고 다림질한다.

4. 겉감과 안감을 겉끼리 마주대어 어깨와 아랫단 창구멍을 남기고 빙 둘러 재봉한다. 어깨는 나중에 재봉하기 위해, 시접보다 1cm 여유를 남겨둔다.

5. 겨드랑이와 목둘레 시접에 조심스레 가위집을 넣고 각진 곳을 잘라준다. 뒤몸판의 오른쪽 어깨에 겸자를 넣어, 앞몸판 오른쪽 어깨의 원단을 끄집어낸다.

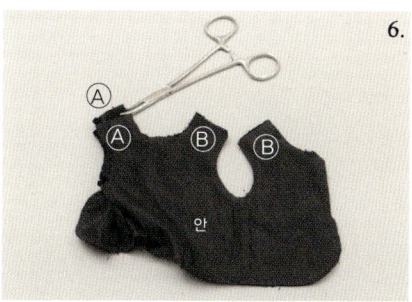

6. 오른쪽 어깨에 4장이 겹쳐진 상태. 위에서 순서대로 뒤몸판(안감), 앞몸판(안감), 앞몸판(겉감), 뒷몸판(겉감). 왼쪽 어깨도 마찬가지로 끄집어낸다.

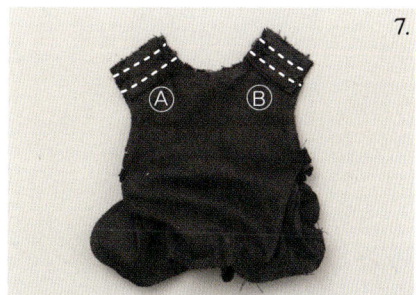

7. 어깨의 겉감과 겉감, 안감과 안감을 각각 맞춰서 재봉한다.

8. 아랫단의 창구멍에서 원단을 끄집어내어 겉으로 뒤집는다.

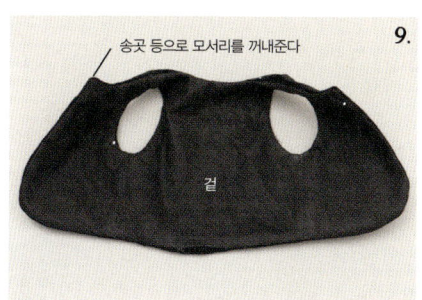

9. 송곳 등으로 모서리를 끄집어내고 다림질로 정돈한다.

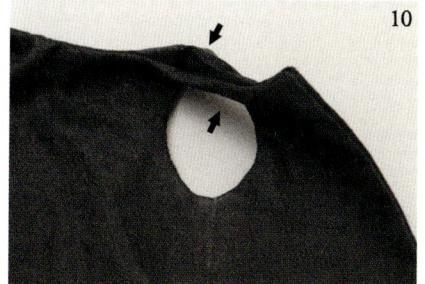

10. 어깨의 재봉되지 않은 부분은 완성선대로 접어서 다림질한다.

11. 어깨를 공그르기로 마감한다. 아랫단의 창구멍도 같은 방법으로 마무리한다.

12. 3mm 레이스 끈의 끝에 올풀림 방지액을 바르고, 옆선 끝에서부터 손바느질로 달아준다. 마찬가지로 진동둘레에도 달아주고, 자수를 넣어 완성한다.

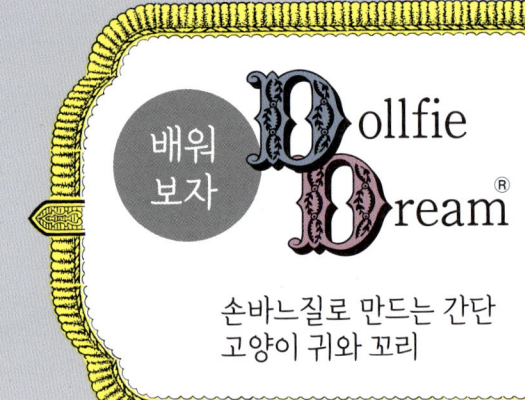

Dollfie Dream®

배워 보자
손바느질로 만드는 간단 고양이 귀와 꼬리

남성과 양재 초보자라도 바로 시도할 수 있는
폭신폭신한 소재의 고양이 귀와 꼬리 만드는 법을 소개합니다.
재봉틀이 없어도 괜찮습니다!
바늘과 실, 또는 직물용 본드로 만들 수 있으니까요.
귀는 가발 위에, 꼬리도 기본적으로 옷 위에 착용해서,
보디에 이염되지 않도록 아무쪼록 주의 부탁드립니다.

How to make cat ear & cat tail

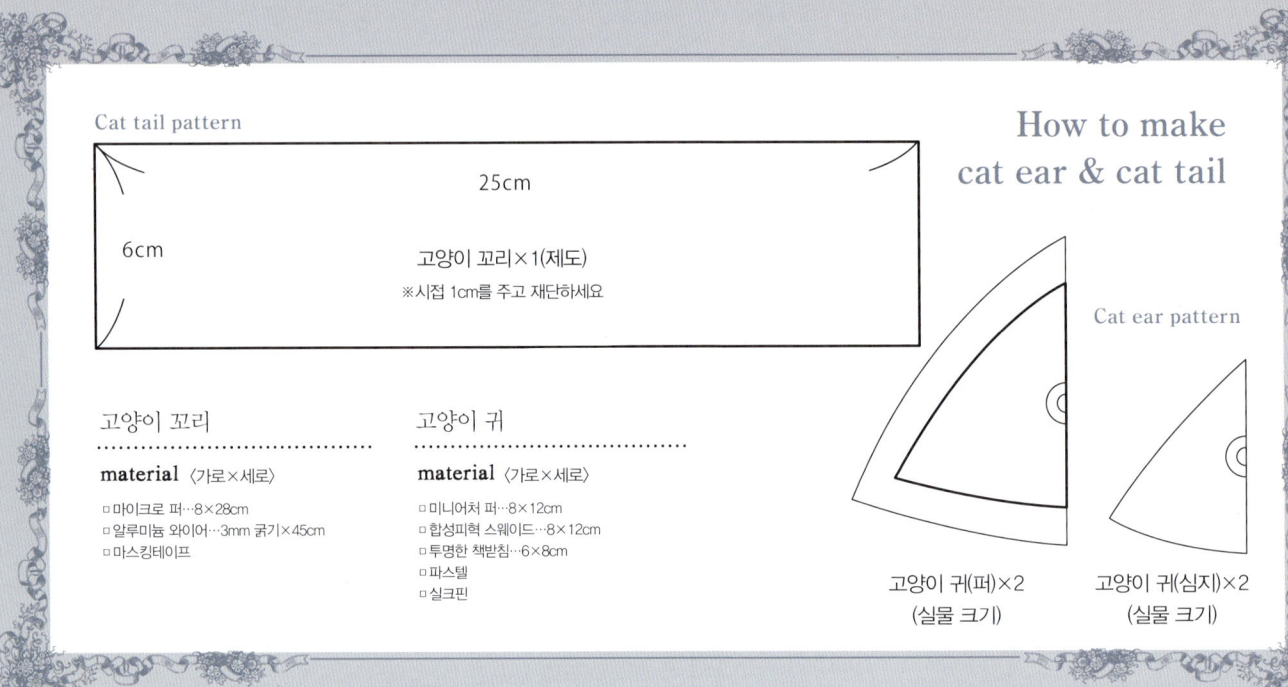

고양이 꼬리
material 〈가로×세로〉
- 마이크로 퍼…8×28cm
- 알루미늄 와이어…3mm 굵기×45cm
- 마스킹테이프

고양이 귀
material 〈가로×세로〉
- 미니어처 퍼…8×12cm
- 합성피혁 스웨이드…8×12cm
- 투명한 책받침…6×8cm
- 파스텔
- 실크핀

cat tail

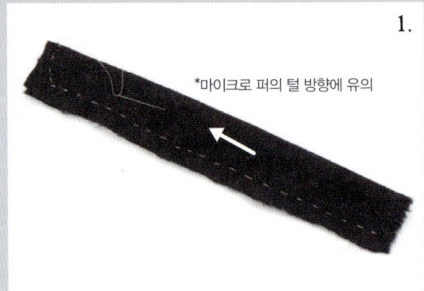

1. 패턴에서 시접 각 1cm를 더한 직사각형(27×8cm)을 재단한다. 겉면이 안쪽으로 가도록 세로로 반 접어서, 그림처럼 한쪽 옆면을 남기고 홈질한다.

2. 겸자나 핀셋으로 겉으로 뒤집어준다.

3. 재봉한 곳의 퍼 털을 꺼내 정돈한다. 알루미늄 와이어를 준비해 '꼬리 길이+허리둘레의 너비+여분'을 니퍼로 자른다. 와이어의 끝을 접어놓는다.

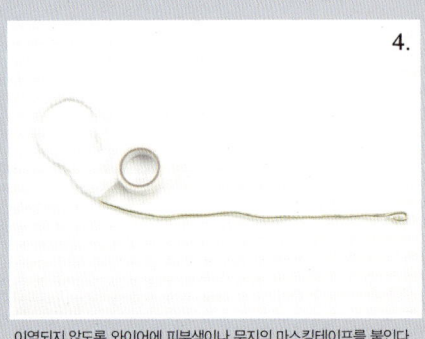

4. 이염되지 않도록 와이어에 피부색이나 무지의 마스킹테이프를 붙인다.

5. 와이어에 퍼의 꼬리를 씌우고, 입구를 재봉해서 막아준다.

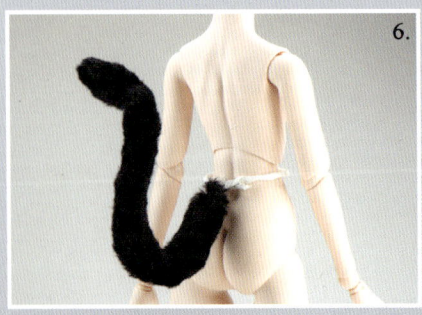

6. 허리둘레에 와이어를 둘러서 사이즈를 확인하면 완성. 옷 위에 착용해서, 꼬리의 끝 부분에 보디가 긁히지 않도록 주의한다.

Dollfie Dream® Models

주식회사 보크스의 '돌피드림(DD)'은 놀라운 가동 동작과 아름다운 실루엣을
가졌으며, 경질 소프트비닐과 연질 수지를 사용한 하이브리드 소재의
인형입니다. 이번 모델은 'DDH-06'과 'DDH-09'를 DOLCHU 씨가 커스텀
메이크업했습니다.

※돌피 드림에 대해서는 전국 보크스 점포 또는 웹사이트에서.

주식회사 보크스
본사: 교토부 교토시 시모쿄구 시치죠 고쇼노우치 나카마치 60
TEL : 075-325-1171
http://www.volks.co.jp

cat ear

1.
1000원 샵과 문구점에서 구입 가능한 아크릴 책받침을 준비한다. 유성 펜으로 고양이 귀 심지 패턴 2장을 그린다.

2.
고양이 귀 형태를 자르고 각진 곳을 다듬어준다.

3.
장갑을 끼고 고양이 귀의 심지를 드라이어로 데워준다. 아크릴이 부드러워지면 좌우를 천천히 늘려서 곡선 형태로 만든다.

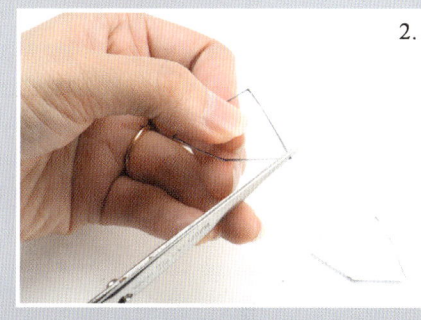

4.
피 털의 방향이 위쪽이 되도록. 고양이 귀 패턴을 놓고 베껴 그린다. 시접 1cm를 남기고 잘라낸다.

5.
귀 안쪽용 스웨드 소재도 같은 패턴으로 잘라준다. 좌우 2매씩 준비한다.

6.
퍼와 스웨드의 겉면이 안쪽으로 가게 겹쳐서, 패턴의 완성선대로 홈질한다. 사진처럼 아래쪽에 3cm 정도 남기고 매듭을 짓는다.

7.
시접의 각이 진 세 곳을 가위로 잘라준다. 바느질한 실이 잘리지 않도록 주의한다.

8.
6에서 남겨둔 창구멍을 통해, 겸자나 핀셋을 사용해 겉으로 뒤집는다.

9.
3에서 곡선 형태로 만들어놓은 심지를 안쪽에 넣는다.

10.
창구멍을 재봉해 막아준다.

11.
스웨드 원단의 가운데를 핑크 계열 파스텔로 채색한다.

12.
귀를 가발 위에 올리고 실크 핀을 찔러서 고정한다.

일곱 마리의 아기 염소는
엄마 염소의 주위에 모여서
오늘도 큰 소리로
떠들어 대고 있습니다.

엄마 염소는
작은 천 조각들을 모아서
한 땀 한 땀 떠서
뭔가 만들고 있습니다.

이것은
생일을 맞은
친구에게 줄 선물

귀여운 오두막에선
선물 상자의 리본 고르기가
한창입니다.

친구는 선물을
기쁘게 받아줄까요?

일곱 마리 아기 염소와 엄마는 양모 펠트 작가 Ribo 씨의 작품.
엄마는 전체 높이 약 20cm, 아기 염소들은 약 12cm. 모두 양모를 콕콕 찔러서 만든 양모 펠트 인형입니다. 엄마의 앞치마는 친구인 하라파 씨의 수제품.
엄마가 앉아 있는 흔들의자는 Grove 씨의 1:6 사이즈의 목제 키트를 사용했습니다.

「이야기는 계속된다」
Ever Ever After

털썩 주저앉아
엄마를 바라보는
응석꾸러기 남자아이

선물 상자를 묶을
리본을 고르는
깜찍한 여자아이

가장 아담하고
조용한 막내도
엄마를 좋아합니다.

깜찍한 또 한 아이
선물의 리본은
파란색이 좋을까?

ribo http://ribonetta.blog133.fc2.com
누락 http://blog.zaq.ne.jp/tanakahan/
Grove http://groveshop.cart.fc2.com

장난기 가득한
표정으로
뭔가를 꾸미는 오빠

행복한 미소로
선물이 갈 곳을
상상하는 여자아이

콕콕 자투리로
패치워크를 하는 것이
능숙한 엄마

패치워크 안에서
같은 무늬를 발견하고
기뻐하는 남자아이

I meets soon Cherry

오다니 미유키의 *Presents*
옷 갈아입히는 인형 제작 프로젝트

오다니 미유키 씨가 클라우드 펀딩으로 기획한
오리지널 착탈식 인형 'Cherry짱' 제작 프로젝트.
이번 호에서는 Cherry짱의 보디 개발에 대해 리포트합니다.
*크라우드 펀딩의 모집은 종료되었습니다.

※일러스트는 이미지입니다.
by MAKi

Cherry짱의 보디 개발은 모모코, 루루코, 퓨어니모 등의 원형을 제작한 사와다 공방의 사와다 케이스케 씨가 담당하고 있습니다. 오다니 씨와 수차례 협의를 거쳐, 일러스트로 이미지를 만들고 이를 바탕으로 전체 실루엣을 3D 데이터로 제작했습니다.

보디 원형은 「ZBrush」라고 하는 조형 소프트를 사용해, PC상에서 데이터를 만들어 갑니다. 어느 정도 조형이 되면 오다니 씨가 화상 데이터를 보고 밸런스를 체크하고, 수정 사항 등을 얘기해 서서히 이상적인 형태를 만들어 갑니다. 형태가 만들어지면 일단 데이터를 3D 프린터로 출력해, 입체적인 느낌을 보며 디테일을 수정합니다.

디지털 원형의 장점은 3D 프린터로 부담 없이 출력할 수 있다는 것. Cherry짱은 소프트비닐 제품인데, 소재의 특성상 성형 시에 원형보다 몇 퍼센트 수축되어 버리기 때문에, 아날로그 원형으로는 끝까지 실제 크기를 확인할 수 없다는 것이 걸림돌이었습니다. 하지만 디지털 원형은 수축률을 예상해 출력할 수 있으므로, 다른 인형옷이나 신발과의 호환성도 금세 확인할 수 있습니다! 이렇게 전체 실루엣이 대략 정해지면, 출력했던 보디는 커터와 톱 등 아날로그 작업으로 대담하게 절단합니다. 가동 범위는 실물로 검증하겠습니다.

Rough sketch

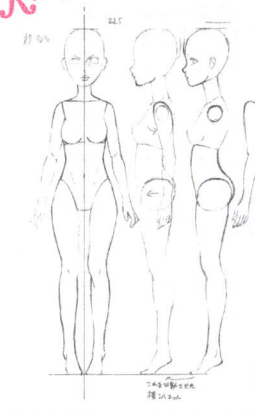

▶그림의 보디 이미지를 일러스트로 만듭니다. 팔다리는 너무 길지 않게, 살집도 적당히 통통하게, 인체와 멀어지지 않도록 주의합니다.

3D modelling

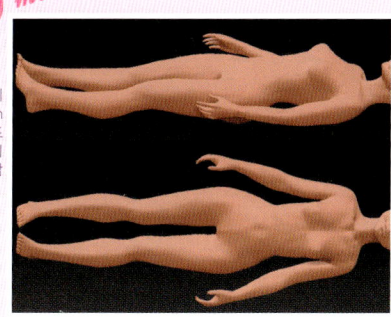

▶일러스트를 기반으로, ZBrush라 불리는 3D 조형 소프트 데이터를 만들어 갑니다.

3D printer

▶데이터를 3D 프린팅으로 출력. 사진은 출력 도중, 안쪽이 허니콤 구조로 집적되어 실물은 매우 가볍습니다.

Where to make the joints?

Cherry짱은 예전 패션 돌처럼 가능한 한 관절을 줄이고 싶다는 콘셉트로 머리, 상체, 하체, 팔, 다리의 일곱 부분으로 구성되었습니다. 얼핏 보기에는 단순한 구조이지만 사실 그 관절의 위치나 각도에 따라서 포즈의 자연스러움이나 움직임은 현격하게 달라집니다. 분할 라인도 가급적 눈에 띄지 않도록 의상으로 가리기 쉬운 곳으로 설정했습니다.

Cherry Point 1

팔의 절개 부분은 어깨끈에 가려지도록 조금 안쪽으로 넣었습니다.

앉을 때 다리가 너무 벌어지지 않게 하기 위해, 다리 절개 부분 앞은 하이레그로, 엉덩이 쪽은 얕게 만들었습니다.

Cherry Point 2

팔을 사선으로 커트해 손을 앞으로 내밀면 밖으로 벌어지고, 뒤로 당기면 안쪽이 닫힙니다.

등쪽을 아래쪽에서 사선으로 커트해 몸을 비트는 포즈가 가능합니다.

Cherry Point 3

동체의 절개선을 바스트 아래에 두어 눈에 띄지 않게 했습니다.

양말을 신고도 다른 1:6 신발을 신을 수 있도록, 발을 작게 만들었습니다.

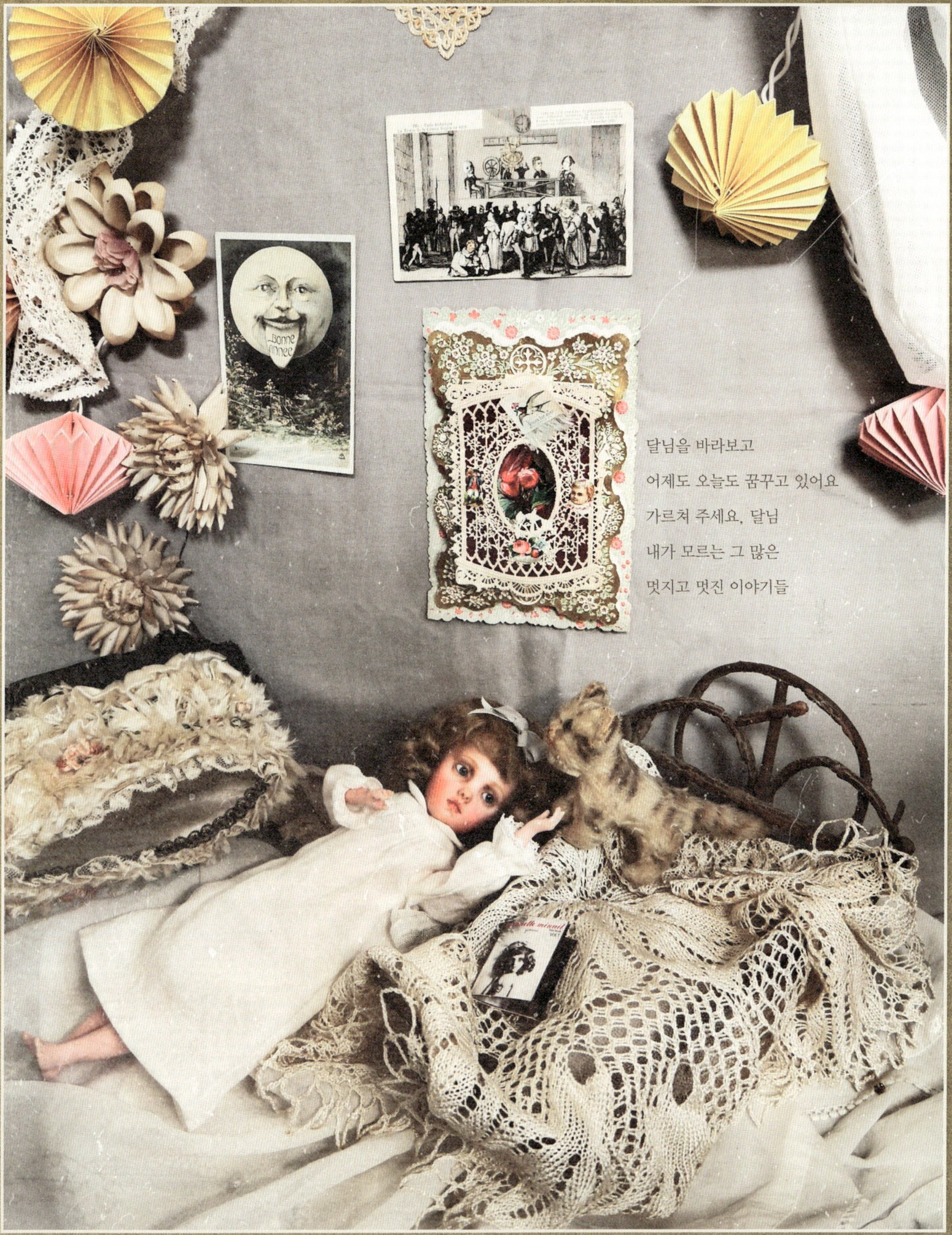
달님을 바라보고
어제도 오늘도 꿈꾸고 있어요
가르쳐 주세요. 달님
내가 모르는 그 많은
멋지고 멋진 이야기들

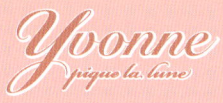

Yvonne
pique la lune
Fashion doll
produced by
maison H.S. & m.m.
since 2014

창작 인형 작가 히로타사토미 씨가 만든 새로운 패션 돌 'Yvonne(이본느)'가 지난해 Ruby in the Soda에서 선보였습니다. 점토의 창작 인형에 비해, 편하게 외출하고 옷 갈아입히기를 즐길 수 있게 만들어진 보디 약 30cm. 살짝 투명감 있는 하드 플라스틱으로 하나씩 세심하게 모형을 만들고, 하나하나 메이크업해서 완성했습니다. 발표회에서는 m.m. 씨의 속치마 차림으로 판매되었습니다. 시대와 유행을 초월한 존재감. Yvonne 양은 정기적으로 판매될 예정입니다. 다양한 패션으로 변신하는 모습을 즐겨주세요.

2016 NEW DOLLS

2016년도 궁금한 인형 정보가 가득!
쇼핑은 계획적으로♪

TAKARATOMY
「타카라토미 고객상담실」 0570-041031

리카 스타일리시 돌 컬렉션 「블랙 쇼콜라 드레스 스타일」
● 2016년 2월 발매 / 12,000엔(부가세 별도)
◀ 성인 취향의 리카짱 LiccA의 제3탄은 야회우 분위기의 블랙 드레스. 소품이나 속옷도 세련되게 제작되었습니다.

30주년 기념 제니 엑셀리나
● 2016년 1월 발매 / 30,000엔(부가세 별도)
▼ 탄생 30주년을 기념하는 제니가 500체 한정으로 등장. 초대 엑셀리나 타입의 얼굴에 3종의 드레스 세트를.

1/12 Lil' Fairy 「리암」
● 2015년 12월 발매 ● 8,300엔(부가세 별도)
▶ 스팀 펑크풍 디자인, 실크 모자와 고글의 섬세함에 눈물이 날 지경!

1/12 Lil' Fairy 「네일리」
● 2016년 1월 발매 ● 8,300엔(부가세 별도)
◀ 리암과 네일리는 물건 찾기를 잘하는 요정. 보디는 피코니모D 사양.

Happiness Clover 「마히로 / Winter Humming」
● 2015년 12월 발매 ● 45,000엔(부가세 별도)
◀ AZ02 보디를 사용한 인형 시리즈에 마히로가 등장. 역대 최고인 I컵 가슴에 주목☆

1/12 피코 엑스큐트 「FannyFanny / 아가씨」
● 2016년 1월 예약, 2월 발매 예정
● 8,300엔(부가세 별도)
▶ 아가씨가 피코니모S(관절 강화 버전)에서 재등장 포즈를 더욱더 즐길 수 있습니다.

큐 포슈 의상 「봄 코트(핑크, 옐로)」
● 2016년 3월 발매 예정 ● 각 1,500엔(부가세 별도)
▲ 전용 의상도 등장. 봄빛 컬러의 코트는 앞을 여미면 교복풍의 의상으로.

큐 포슈 의상 「화려한 원피스」
● 2016년 3월 발매 예정 ● 각 1,800엔(부가세 별도)
▲ 체크무늬 원피스는 봄 코트와도 궁합이 딱 맞습니다. 코토부키야 샵(아키하바라 관, 오사카 니혼바시, 온라인 샵) 한정 상품.

AZONE INTERNATIONAL
「아존 인터내셔널」 http://www.azone-int.co.jp/

아스타리스크 컬렉션 「헤타리아 The world twinkle / 영국」
● 2016년 1월 예약, 이번 여름 발매 예정 / 14,000엔(부가세 별도)
◀ 제2탄 영국편도 재킷과 가벼운 셔츠 착장이 재현된 호화 세트. 구두도 2개, 손도 검은 장갑과 맨손이 각 5세트 부속.

아스타리스크 컬렉션 「헤타리아 The world twinkle / 일본」
● 2015년 11월 예약, 초여름 발매 예정
● 13,000엔(부가세 별도)
▼ 너무 귀여워 오래전부터 화제 만발인 「헤타리아TWT」 1:6 돌. 제1탄 일본편은 교복+세일러복 세트가 동봉된 득템 세트!

KOTOBUKIYA
「코토부키야 고객상담센터」 0120-48-1563

큐 포슈 프렌즈 「안느」
● 2015년 12월 발매 ● 3,500엔(부가세 별도)
▶ 전체 높이 약 11cm의 가동 피규어 「큐 포슈」의 오리지널 캐릭터 탄생!

큐 포슈 프렌즈 「벨」
● 2015년 12월 발매 ● 3,500엔(부가세 별도)
◀ 큐 포슈 프렌즈 제2탄 모두 손목 3종, 지지대와 받침대가 부속.

「헤타리아 The world twinkle / 일본용 앞치마 가운 세트」
● 2016년 1월 예약, 초여름 발매 예정 ● 2,700엔(부가세 별도)
▶ 소매 달린 앞치마 가운과 머리수건 세트. 기모노는 별도 판매.

©TOMY ©2015 히마루야 히데카즈/겐토샤 코믹스/헤타리아 제작위원회 ©2015 오모이 호타루/AZONE INTERNATIONAL ©KOTOBUKIYA

2016 NEW DOLLS

PetWORKs

「펫웍스 인형사업부」
http://www.petworks.co.jp/doll/

데코 니키 10주년을 기념한 오리지널 프린트 인형 등장!

「오데코짱과 니키 10주년 프루츠 파티」
〈일시〉 2016년 3월 18일(금)~30일(수)
〈장소〉 아존 레벨샵 아키하바라 갤러리
(도쿄도 치요다쿠 칸다 잇초메 5-16 라디오회관 7F)

「프루츠 파티의 오데코짱」
「프루츠 파티의 니키」
● 2016년 3월 발매 예정 ● 각 11,000엔(부가세 별도)
▲오데코짱과 니키 10주년 기념 프린트의 원피스로 멋을 냈습니다.

「CCSgirl 16SP momoko」
● 2016년 4월 발매 예정
● 20,000엔(부가세 별도)
◀모모코는 액티브한 데님 스타일. 펼쳐지는 가방이 포인트입니다.

「토끼028」
● 2016년 3월 발매 예정
● 3,800엔(부가세 별도)
▶보디는 화이트, 얼굴은 브라운 계열, 눈은 아몬드 컬러입니다.

「CCSgirl 16SP ruruko」
● 2016년 4월 발매 예정
● 20,000엔(부가세 별도)
◀데님 점퍼스커트의 루루코. 데코 니키 무늬의 배낭을 자랑합니다.

「쵸시|n11」
「쵸시|n12」
● 2015년 1월 발매
● 4,800엔(부가세 별도)
▶미백 피부에 핑크 치크는 공통. n11은 스모키 블루의 눈, n12는 페일 퍼플 눈꼬리가 올라간 모습입니다.
※의상·구두는 부속품이 아닙니다.

「히츠지 002」
● 2015년 11월 발매
● 4,500엔(부가세 별도)
◀그레이지 색상의 보디에 블랙 페이스, 브라운의 약간 건방져 보이는 눈이 특징입니다.

「ruruko ae 〈A line〉 리본 원피스」
● 2016년 1월 주문 종료 ● 19,000엔(부가세 별도)
▶인형옷 작가 스즈키 아카네(Aline)가 디자인한 ruruko. 완전 주문 제작품입니다.

SEKIGUCHI

「세키구치의 고객서비스센터」
0120-041-903

「Miniature Ahcahcum Bag(고양이, 토끼)」
● 2016년 2월 발매 예정 ● 각 3,000엔(부가세 별도)
◀1:6 사이즈의 AHCAHCUM 가방이 등장! 인형 본체나 의상은 포함되지 않습니다.

momoko DOLL
「블랙 라이딩 후드」
● 2016년 1월 발매
● 12,800엔(부가세 별도)
◁검정 망토 스타일의 momoko. 같은 디자인의 빨간색 버전은 드레스 세트로 발매되었습니다.

「베이비 치치 루루코 후드 망토」
● 2016년 1월 발매
● 16,000엔(부가세 별도)
주근깨 얼굴의 활기찬 루루코. 몬치치 생일 이벤트 등에서 한정 판매.

momoko DOLL
「히스의 요정」
● 2016년 2월 발매 예정
● 12,800엔(부가세 별도)
▶흰 피부와 옅은 색조의 정면 눈 메이크업으로 프래시한 느낌의 모모코입니다.

momoko DOLL
「네가 떠난 플랫폼」
● 2016년 2월 발매 예정
● 12,800엔(부가세 별도)
◀시크한 봄 패션의 모모코. 보스턴 안경과 슬립온 신발은 신상품입니다.

Wake-UP momoko DOLL
「WUDsp 몬치치 후드 망토」
● 2016년 1월 발매 ● 7,500엔(부가세 별도)
◁후드 망토엔 몬치치 로고의 자수가 있습니다. 몬치치 생일 이벤트 외에서 한정 판매.

「모두가 만드는 momoko DOLL 2015」
● 2015년 11월 발매 ● 7,000엔(부가세 별도)
▶팬 투표로 선발된 momoko. 올해는 선탠 피부와 에메랄드 그린의 눈동자색으로 결정.

VOLKS

「보크스」 http://www.volks.co.jp

Dear SD 공개회
「홈타운 돌파티 교토13」
일시: 2016년 3월 13일(일) 11:00~15:00(선행 입장 10:00)
장소: 교토 펄스 프라자 Dear SD 부스

「천사의 창문~ Golden Window Fair 2016~」
일시: 2016년 4월 29일 축하 행사~5월 8일(일)
장소: 천사의 창문 하라주쿠, 오모테산도(도쿄 시부야구 진구마에 1-12-1)

Dear SD 「나나 Sweet Dream Ver.」「쿤」
● 2016년 3월 발매 예정 ● 각 70,000엔~(부가세 별도)
▶Dear SD는 2015년 발표된 전체 높이 약 43cm의 새로운 시리즈, 가발과 드레스 등 모두 코디되어 판매되므로 가격은 개체별로 다릅니다.

Super Dollfie × BABY, THE STARS SHINE BRIGHT
[셔링 베이비돌 점퍼스커트 코디]
● 2016년 4월 발매 예정 ● 16,000엔(부가세 별도)
▲BABY 콜라보 드레스 세트는 4월의 천사의 창문 이벤트에서 발매 예정. DSD 외에 SD나 DD 등에도 사용 가능합니다.

◇ 당신은 언제나 옳습니다. 그대의 삶을 응원합니다. – 라의눈 출판그룹

Dollybird 돌리버드_Fairy Tale

초판 1쇄 | 2021년 12월 1일

옮긴이 정유미
펴낸이 설응도
영업책임 민경업   디자인책임 조은교

펴낸곳 라의눈

출판등록 2014년 1월 13일 (제 2019-000228호)
주소 서울시 강남구 테헤란로 78 길 14-12(대치동) 동영빌딩 4 층
전화 02-466-1283   팩스 02-466-1301

문의 (e-mail)
편집 editor@eyeofra.co.kr
마케팅 marketing@eyeofra.co.kr
경영지원 management@eyeofra.co.kr

ISBN : 979-11-88726-93-6 13630

이 책의 저작권은 저자와 출판사에 있습니다.
저작권법에 따라 보호를 받는 저작물이므로 무단전재와 복제를 금합니다.
이 책 내용의 일부 또는 전부를 이용하려면 반드시 저작권자와 출판사의 서면 허락을 받아야 합니다.
잘못 만들어진 책은 구입처에서 교환해드립니다.

Dollybird Vol. 23 © HOBBY JAPAN
All rights reserved.
Original Japanese edition published by HOBBY JAPAN CO., Ltd
Korean edition copyright © 2021 by Eye of Ra Publishing Co., Ltd
This Korean edition is published by arrangement with HOBBY JAPAN CO., Ltd., through AMO AGENCY, Seoul, Korea.

이 책의 한국어판 저작권은 AMO 에이전시를 통해 저작권자와 독점 계약한 라의눈에 있습니다. 저작권법에 의해 한국 내에서 보호를 받는 저작물이므로 무단 전재와 무단 복제를 금합니다.

STAFF

— Designer —
오사와 토시에

— Illustrator —
마키(MAKI)

— Photographer —
카츠 타카노리
타마이 히사요시

— Pattern Work —
큐스케 유카리

— Editor —
스즈키 요코